铜官文化精粹

铜韵铜官卷

杨 杰◎主编

安徽师范大学出版社
ANHUI NORMAL UNIVERSITY PRESS

·芜湖·

图书在版编目(CIP)数据

铜官文化精粹.铜韵铜官卷 / 杨杰主编.— 芜湖:安徽师范大学出版社,2021.11
ISBN 978-7-5676-5480-8

Ⅰ.①铜… Ⅱ.①杨… Ⅲ.①文化史 - 铜陵 Ⅳ.①K295.44

中国版本图书馆CIP数据核字(2021)第215345号

铜官文化精粹.铜韵铜官卷

杨 杰◎主编

TONGGUAN WENHUA JINGCUI. TONGYUN TONGGUAN JUAN

责任编辑:辛新新　　责任校对:孙新文
装帧设计:张　玲　　责任印制:桑国磊
出版发行:安徽师范大学出版社
　　　　　芜湖市北京东路1号安徽师范大学赭山校区

网　　址:http://www.ahnupress.com/
发 行 部:0553-3883578　5910327　5910310(传真)
印　　刷:苏州市古得堡数码印刷有限公司
版　　次:2021年11月第1版
印　　次:2021年11月第1次印刷
规　　格:700 mm × 1000 mm　1/16
印　　张:17.75
字　　数:240千字
书　　号:ISBN 978-7-5676-5480-8
定　　价:59.80元

"铜官文化精粹"编委会

主　任：汪世应

副主任：何振武　杨　杰　吴　昀

编　委：汪世应　何振武　杨　杰　吴　昀
　　　　周宗雄　唐福昆　朱益华　吴　笛
　　　　刘宝林　赵学军　肖　飞　孙长江

主　编：杨　杰

副主编：周宗雄

序

铜官，收藏古令，赓续绵延。

2015年10月，经国务院批准撤销原铜陵市铜官山区、狮子山区，成立铜陵市铜官区。这一地域名称体现了三千年铜官文化一脉相承。两区合并后不仅壮大了铜官区的经济实力，而且对铜官文化发展具有更加重要的现实意义和深远的历史意义。

铜官历史厚重，文化悠长。从先贤们采冶铜矿遗留下的大量遗存，到地下出土的大量文物；从李白的"我爱铜官乐，千年未拟还。要须回舞袖，拂尽五松山"、梅尧臣的"碧矿不出土，青山凿不休。青山凿不休，坐令鬼神愁"，到宋代清廉宰相盛度、宋代林学家陈翥的世界上第一部有关泡桐的著作《桐谱》，以及明代戏剧家佘翘的《量江记》……一幅幅恢宏壮观的历史画卷，诠释着铜官文化的深刻内涵。新中国成立后，广大建设者们筚路蓝缕，先后建成了中国第一座铜矿，炼出了中国第一炉铜水，主办了首届亚洲文明暨中国青铜文化国际学术研讨会，发行了中国第一支铜业股票，建成了亚洲最深的深井矿山……他们可歌可泣的故事，增加了铜官历史的厚度，成为激励新一代铜官人奋发向前的不竭动力。

铜官优势毕现，未来可期。铜官区是铜陵市的主城区，是铜陵市的政治、经济、文化核心区，辖区面积135平方公里，人口45.1万。

"十四五"时期，是铜官区进入高质量发展的重要战略机遇期、重大发展加速期、重点改革深化期，经开区、西湖新区、车站新区并驾建设，狮子山国家级高新区蓄势发力，国家服务业综合改革试点红利持续释放，独立工矿区改造提升加速推进，全区上下"聚焦发展高质量实现产业美、聚焦生活高品质实现家园美、聚焦生态高颜值实现山水美、聚焦精神高追求实现人文美"，聚力"建设全市高质量发展引领区、全省城区发展十强区、长三角市域社会治理先行区"建设，奋力谱写新阶段现代化幸福铜官新篇章。

民族之魂，文以化之；铜官之魂，文以铸之；弦歌不辍，薪火相传。先贤们带着他们的辉煌走进了史册，但他们的背影依然印刻在历史的额头。今天，作为铜官文化的传承人，不遗余力，赓续文脉，是我们的一项重要职责。为了挖掘铜官文化的深邃内涵，助力幸福铜官建设，《铜官文化精粹·铜韵铜官卷》应运而生。《铜官文化精粹·铜韵铜官卷》的问世，不仅是对三千年铜官文化的追忆，从中可以窥视到铜官文化的绵长、内涵的丰富；更重要的是，提高了我们对建设幸福美丽新铜官的认识，从而使建设幸福美丽新铜官成为我们自觉的行动。

是为序。

汪世应

二〇二一年十月

（作者系铜陵市铜官区政协主席、党组书记）

目　录

第一部分　先贤咏铜官

目 录

第二部分　今人述铜官

目录

第一部分　先贤咏铜官

唐 代

李 白

李白（701—762年），字太白，号青莲居士，唐朝诗人，有"诗仙"之称，唐代最伟大的浪漫主义诗人。5岁随父迁至剑南道之绵州（巴西郡）昌隆县（712年更名为昌明县，今四川绵阳江油市青莲镇），祖籍陇西郡成纪县（今甘肃省平凉市静宁县南）。

李白存世诗文千余篇，代表作有《蜀道难》《行路难》《梦游天姥吟留别》《将进酒》等诗篇，有《李太白集》传世。762年病逝于安徽当涂。

李白的诗歌创作带有强烈的主观色彩，侧重抒写豪迈气概和激昂情怀，很少对客观事物和具体时间做细致的描述。洒脱不羁的气质、傲视独立的人格、易于触动而又易爆发的强烈情感，形成了李白诗抒情方式的鲜明特点。他一旦感情兴发，就毫无节制地奔涌而出，宛若天际狂飙和喷溢的火山。他的想象奇特，常有异乎寻常的衔接，随情思流动而变化万端。

李白曾于天宝、至德、上元年间，先后三次漫游铜陵（时铜陵属南陵县），留诗十余首。

铜官山醉后绝句

我爱铜官乐，千年未拟还。

要须回舞袖，拂尽五松山。

与南陵常赞府游五松山 [一]

安石 [二] 泛溟渤 [三]，独啸长风还。

逸韵动海上，高情出人间。

灵异可并迹，澹然与世闲。

我来五松下，置酒穷跻攀。

征古绝遗老，因名五松山 [四]。

五松何清幽，胜境美沃洲 [五]。

萧飒鸣洞壑，终年风雨秋。

响入百泉去 [六]，听如三峡流 [七]。

剪竹扫天花 [八]，且从傲吏游 [九]

龙堂若可憩 [一〇]，吾欲归精修。

注释

〔一〕《元和郡县志》卷二八江南道宣州有南陵县，今为安徽省南陵县。《容斋随笔》卷一《赞公少公》条："唐人呼县令为明府，丞为赞府。"安旗、薛天纬《李白年谱》系此诗于天宝十三载，谓李白游南陵时作。李白在南陵作有《与南陵常赞府游五松山》《于五松山赠南陵常赞府》等诗，题、句皆与作地相关。

〔二〕安石，指谢安石。

〔三〕溟渤，海也。

〔四〕胡震亨曰："观此诗，是五松非山本名，乃太白所名，亦如名九华也。"

〔五〕《太平寰宇记》："沃洲山，在越州剡县东七十二里。"施宿《会稽志》："沃洲山，在新昌县东三十二里。"

〔六〕《诗经·大雅》："逝彼百泉。"

〔七〕《通鉴地理通释》："三峡，广溪峡、巫峡、西陵峡也。广溪为三峡之首，昔禹凿以通江，所谓巴东之峡，东至西陵七百里。萧飒、风雨、百泉、三峡，皆状五松涛声之美。"

〔八〕《法华经》："时诸梵天王雨众天花，香风时来，吹去萎者，更雨新者。"

〔九〕郭璞诗："漆园有傲吏。"

〔一〇〕《江南通志》："龙堂精舍，在南陵县五松山。李白与南陵常赞府游此，有诗。"

于五松山赠南陵常赞府

为草当作兰，为木当作松。

兰秋香风远，松寒不改容。

松兰相因依，萧艾〔一〕徒丰茸。

鸡与鸡并食，鸾与鸾同枝。

拣珠去沙砾，但有珠相随。

远客投名贤，真堪写怀抱。

若惜方寸心，待谁可倾倒？

虞卿〔二〕弃赵相，便与魏齐行。

海上五百人，同日死田横〔三〕。

当时不好贤，岂传千古名？

愿君同心人，于我少留情。

寂寂还寂寂，出门迷所适。

长铗〔四〕归来乎，秋风思归客。

注释

〔一〕萧艾，即艾草。古人好用来比喻奸佞之人。

〔二〕虞卿，赵国宰相。

〔三〕田横（前250—前202年）是秦末齐国旧王族，齐王田氏的后裔，继田儋之后为齐王。汉高祖消灭群雄统一天下后，田横不顾齐国的灭亡，同他的战友五百人仍困守在一个孤岛上（山东青岛即墨市田横岛）。汉高祖听说田横很得人心，担心日后为患，便下诏令说：如果田横来投降，便可封王或侯；如果不来，便派兵去把岛上的人通通消灭掉。田横为了保存岛上五百人的生命，便带了两个部下离开海岛，向汉高祖的京城进发。但到了离京城三十里的地方，田横便自刎而死，遗嘱同行的两个部下拿他的头去见汉高祖，表示自己不受投降的屈辱，也保存了岛上五百人的生命。汉高祖用王礼葬他，并封那两个部下做都尉，但那两个部下在埋葬田横时，也自杀在田横的墓穴中。汉高祖派人去招降岛上的五百人，但他们听到田横自刎，便都蹈海而死。

〔四〕长铗归来，比喻因怀才不遇而思归，典出《战国策·齐策四》。

书怀赠南陵常赞府

岁星入汉年，方朔见明主〔一〕。

调笑当时人，中天谢云雨。

一去麒麟阁，遂将朝市乖〔二〕。

故交不过门，秋草日上阶。

当时何特达〔三〕，独与我心谐。

置酒凌歊台〔四〕，欢娱未曾歇。

歌动白纻山〔五〕，舞回天门〔六〕月。

问我心中事，为君前致辞。

君看我才能，何似鲁仲尼？

大圣犹不遇，小儒安足悲？

云南五月中，频丧渡泸师〔七〕。

毒草杀汉马，张兵夺秦旗[八]。

至今西二河，流血拥僵尸。

将无七擒略[九]，鲁女惜园葵。

咸阳天下枢，累岁人不足。

虽有数斗玉，不如一盘粟。

赖得契宰衡，持钧慰风俗[一○]。

自顾无所用，辞家方未归。

霜惊壮士发，泪满逐臣衣。

以此不安席，蹉跎身世违。

终当灭卫谤，不受鲁人讥。

注释

〔一〕岁星，即木星。方朔，即东方朔，字曼倩。汉武帝时待诏金马门，官至太中大夫。传说他是岁星下凡的人。李白以东方朔自喻。入汉年，见明主，皆指天宝元年应诏入京见玄宗。

〔二〕朝市，朝廷与京城市肆。乖，分离。

〔三〕特达，特出不群。《文选》卷五一王褒《四子讲德论》："夫特达而相知者，千载之一遇也。"谐，合。此二句谓当今唯有你常赞府特出不群，能与我友好心谐。

〔四〕凌歊台：在当涂城北黄山。

〔五〕白纻山：在当涂城东五里。

〔六〕天门即天门山，在当涂城西南三十五里。

〔七〕诸葛亮《出师表》云："五月渡泸，深入不毛。"泸，泸江，在今四川、云南交界处。此二句用《出师表》语。

〔八〕张兵即强兵。

〔九〕七擒略：诸葛亮七擒孟获的故事。

〔一〇〕《淮南子·原道》注："钧，陶人作瓦器法，下转旋者。"古人常以陶钧喻治理国家。持钧即秉持国政。

答杜秀才五松〔一〕见赠

昔献《长杨赋》〔二〕，天开云雨欢。

当时待诏承明〔三〕里，皆道扬雄才可观。

敕赐飞龙二天马，黄金络头白玉鞍〔四〕。

浮云蔽日去不返，总为秋风摧紫兰。

角巾东出商山道，采秀〔五〕行歌咏芝草。

路逢园绮笑向人，两君解来一何好。

闻道金陵龙虎盘〔六〕，还同谢朓望长安。

千峰夹水向秋浦〔七〕，五松名山当夏寒。

铜井〔八〕炎炉歊九天，赫如铸鼎荆山前。

陶公〔九〕矍铄呵赤电，回禄睢盱〔一〇〕扬紫烟。

此中岂是久留处？便欲烧丹从列仙。

爱听松风且高卧，飕飕吹尽炎氛过。

登崖独立望九州，《阳春》欲奏谁相和？

闻君往年游锦城〔一一〕，章仇尚书倒屣迎。

飞笺络绎奏明主，天书降问回恩荣。

肮脏〔一二〕不能就珪组，至今空扬高蹈名。

夫子工文绝世奇，五松新作天下推。

吾非谢尚邀彦伯〔一三〕，异代〔一四〕风流各一时。

一时相逢乐在今，袖拂白云开素琴。

弹为《三峡流泉》〔一五〕音，从兹一别武陵去。

去后桃花春水深。

〔一〕五松即五松山，南陵铜坑西五六里。

〔二〕《汉书·扬雄传》：孝成帝时，客有荐雄文似相如者，召雄待诏承明之庭，从至射熊馆还，上《长杨赋》，聊因笔墨之成文章，故藉翰林以为主人，子墨为客卿以讽。

〔三〕颜师古注："承明殿，在未央宫。长杨，宫名也。在盩厔县中，有射熊馆。"李善曰："诸以才术见知，直于承明，待诏即见，故曰特诏焉。"

〔四〕黄金络头白玉鞍：马之饰物。学士初入院，例赐飞龙厩马一匹。天马，御厩之马也。古乐府："青丝系马尾，黄金络马头。"吴均诗："白玉镂衢鞍，黄金马脑勒。"

〔五〕《楚辞》："采三秀兮山间。"王逸注："三秀，谓芝草也。"

〔六〕金陵之地，钟山龙盘，石城虎踞。谢朓，南朝齐诗人，有《晚登三山还望京邑》诗："灞涘望长安，河阳视京县。"

〔七〕秋浦：水名，在池州，秋浦县依此水立名。

〔八〕《元和郡县志》："铜井山，在南陵县西南八十五里，出铜。"《一统志》："铜官山，在铜陵县南十里，又名利国山。山有泉源，冬夏不竭，可以浸铁煮铜，旧尝于此置铜官场。"《韵会》："歊，炎气也。"《元和郡县志》："荆山在虢州湖城南，即黄帝铸鼎之处。"

〔九〕陶公，陶安公者。《列仙传》："陶安公者，六安铸冶师也。数行火，火一旦散，上行紫色冲天，公伏冶下求哀。须臾，赤雀止冶上，曰："安公，安公，冶与天通，七月七日，迎汝以赤龙。"至期赤龙至，大雨，而安公骑之东南上，一城邑数万人众共送视之，皆与辞诀云。矍铄，勇健貌，汉光武称马援语。

〔一〇〕睢盱：睁眼仰视貌。《庄子》："而睢睢，而盱盱。"郭象注："睢睢、盱盱，跋扈之貌。"

〔一一〕锦城，即蜀郡成都府城。

〔一二〕赵壹诗："肮脏倚门边。"章怀太子注："肮脏，高亢幸直之貌。"

〔一三〕《晋书》：袁宏，字彦伯，有逸才，文章绝美，曾为《咏史诗》，是其风情所寄。少孤贫，以运租自业。谢尚时镇牛渚，秋夜乘月，率尔与左右微服泛江，会宏在舫中讽咏，声既清会，辞又藻拔，遂驻听久之。遣问焉，答曰："是袁临汝郎诵诗，即其《咏史》之作也。"尚倾率有胜致，即迎升舟，与之谈论，申旦不寐，自此名誉日茂。尚为安西将军豫州刺史，引宏参其军事。

〔一四〕异代，不同时代。邢邵《遗辛术书》："足下今能如此，可谓异代一时。"

〔一五〕《琴集》曰："《三峡流泉》，晋阮咸所作也。"

五松山送殷淑

秀色发江左，风流奈若何？
仲文了不还，独立扬清波。
载酒五松山，颓然《白云歌》。
中天度落月，万里遥相过。
抚酒惜此月，流光畏蹉跎。
明日别离去，连峰郁嵯峨。

纪南陵题五松山〔一〕

圣达有去就，潜光愚其德〔二〕。
鱼与龙同池，龙去鱼不测。
当时板筑辈，岂知傅说情〔三〕。
一朝和殷羹〔四〕，光气为列星〔五〕。
伊尹生空桑〔六〕，捐庖佐皇极。

桐宫放太甲，摄政无愧色〔七〕。

三年帝道明，委质终辅翼〔八〕。

旷哉至人心，万古可为则。

时命或大谬〔九〕，仲尼将奈何？

鸾凤忽覆巢，麒麟不来过。

龟山蔽鲁国，有斧且无柯。

归来来，归去来！宵济越洪波。

注释

〔一〕五松山，山名，在今安徽铜陵西北。

〔二〕《晋书·郭瑀传》："潜光九皋，怀真独远。"《史记》："君子盛德，容貌若愚。"

〔三〕《韩诗外传》："傅说负土而版筑，以为大夫，其遇武丁也。"李善《文选注》："郭璞《三苍解诂》曰：板，墙上下板。筑，杵头铁沓也。"

〔四〕《尚书·说命》："若岁大旱，用汝作霖雨。若作和羹，尔惟盐梅。"

〔五〕《庄子》："傅说得之，以相武丁，奄有天下。乘东维，骑箕尾，而比于列星。"陆德明《音义》："崔云：傅说死，其精神乘东维，托龙角，乃为列宿，今尾上有傅说星。"

〔六〕《吕氏春秋·本味》："有侁氏女子采桑，得婴儿于空桑之中，献之其君。"《水经注》：昔有莘氏女采桑于伊川，得婴儿于空桑中，言其母孕于伊水之滨，梦神告之曰："臼水出而东走。"母明视，而见臼水出焉，告其邻居而走，顾望其邑，咸为水矣。其母化为空桑，子在其中，有莘氏女取而献之，命养于庖，长有贤德，殷以为尹，曰伊尹也。此二句介绍伊尹童年成长经历。

〔七〕桐宫，位于商汤墓附近。伊尹将太甲放逐到桐宫，以使其悔过。

〔八〕《史记》：伊尹为有莘媵臣，负鼎俎以滋味说汤，致于王道，汤任以国政。汤崩，伊尹立太丁之子太甲。太甲既立，不遵汤法，乱德，于是伊尹放之于桐宫，伊尹摄行政。太甲居桐宫三年，悔过自责，反善，于是伊尹乃迎太甲，而授之政。"委质"有二解。《左传》："策名委质。"孔颖达曰："质，形体也。拜则屈膝而委身体于地，以明敬奉之也。"章怀太子《后汉书注》："委质，犹屈膝也。《国语》：委质为臣，无有二心。韦昭解：质，赘也。士赘以雉，委质而退。"《史记索隐》："服虔注：左氏云古者始仕，必先书其名于策，委死之质于君，然后为臣。示必死节于其君也。"依前二说，作"哲"音读。依后二说，作"至"音读。此二句说太甲三年后悔过改善，伊尹将其接回，重新掌管政权，自己继续辅佐。

〔九〕《庄子》："时命大谬也。"

江上答崔宣城

太华〔一〕三芙蓉，明星玉女峰。

寻仙下西岳，陶令〔二〕忽相逢。

问我将何事，湍波历几重？

貂裘〔三〕非季子，鹤氅似王恭〔四〕。

谬忝燕台召，而陪郭隗〔五〕踪。

水流知入海，云去或从龙。

树绕芦洲〔六〕月，山鸣鹊镇〔七〕钟。

还期如何访，台岭荫长松〔八〕。

〔一〕《一统志》："太华山，在陕西华阴县南一十里，即西岳也。以西有少华山，故此曰太华。"《白虎通》云："西方太阴用事，万物生华，故曰华山。是山削成四方，高五千仞，有芙蓉、明星、玉女三峰，苍龙岭、黑龙潭、白莲池、日月崖及仙掌、石月之胜。"

〔二〕陶令谓陶潜，潜尝为彭泽令，以喻崔宣城。

〔三〕《战国策》：李兑送苏子黑貂之裘，黄金百镒，苏子得以为甲，西入于秦。季子，苏秦字也。见《史记注》。

〔四〕《晋书》：王恭尝披鹤氅裘，涉雪而行，孟昶窥见之，叹曰："此真神仙中人也。"

〔五〕燕台，故址在今河北省易县东南。相传燕昭王筑台以招纳天下贤士，故也称贤士台、招贤台。后作为君主或长官礼贤之典。郭隗（wěi），战国时期燕国人，燕昭王客卿，他让燕昭王"筑台而师之"，为燕国招来许多奇人异士，终于使得燕国富强，其故事千百年来传诵不绝。

〔六〕芦洲，旧注指为樊口之芦洲。琦按：鲍照《还都道中》诗："昨夜宿南陵，今旦入芦洲。"是芦洲当在南陵之下。若樊口之芦洲，旧传为伍子胥所渡处，其地乃在武昌，与南陵、宣城殊远，恐未是。

〔七〕《元和郡县志》：鹊头镇，在宣州南陵县西一百一十里，即春秋时，楚伐吴，败于鹊岸是也。沿流八十里有鹊尾洲，吴时屯兵处。

〔八〕孙绰《游天台山赋》："苟台岭之可攀，亦何羡于层城。"又曰："藉萋萋之纤草，荫落落之长松。"

赠刘都使

东平刘公干，南国秀馀芳。

一鸣即朱绂，五十佩银章。

饮冰事戎幕，衣锦华水乡。

铜官几万人，诤讼清玉堂。

吐言贵珠玉，落笔回风霜。

而我谢明主，衔哀投夜郎。

归家酒债多，门客粲成行。

高谈满四座，一日倾千觞。

所求竟无绪，裘马欲摧藏。

主人若不顾，明发钓沧浪。

宿五松山下荀媪家〔一〕

我宿五松下，寂寥〔二〕无所欢。

田家秋作〔三〕苦，邻女夜舂寒〔四〕。

跪进雕胡饭〔五〕，月光明素盘〔六〕。

令人惭漂母〔七〕，三谢不能餐〔八〕。

注释

〔一〕荀媪：荀老妈妈。

〔二〕寂寥：内心冷落孤寂。

〔三〕秋作：秋收劳动。

〔四〕夜舂：夜间舂米。此句中"寒"与上句"苦"，既指农家劳动辛苦，亦指家境贫寒。

〔五〕跪进：古人席地而坐，上半身挺直，坐在足跟上。雕胡饭：即菰米饭。

〔六〕素盘：白色的盘子。一说素菜盘。

〔七〕漂母：洗衣老妇。《史记·淮阴侯列传》载：汉时韩信少时穷困，在淮阴城下钓鱼，一洗衣老妇见他饥饿，便给他饭吃。后来韩信助刘邦平定天下，功高封楚王，以千金报答漂母。这里以漂母比荀媪。

〔八〕不能餐：惭愧得吃不下。

南陵五松山别荀七

六即颍水荀，何惭许郡宾〔一〕。

相逢太史奏，应是聚贤人〔二〕。

玉隐且在石〔三〕，兰枯还见春。

俄〔四〕成万里别，立德〔五〕贵清真。

注 释

〔一〕六即：《唐诗类苑》作"轩昂"。王琦按："六"字，疑是草书"君"字之讹。颍水：淮河最大支流，自河南流入安徽西北部入淮河。颍水荀：谓荀淑，字季和，东汉颍川颍阴人，安帝时征拜郎中，再迁为当涂长。《后汉书》有传。此处以荀淑喻荀七。

许郡宾：谓陈寔。陈寔字仲弓，东汉颍川许人。曾为闻喜长，再迁太丘长。年八十四而卒于家。事见《后汉书》传。此亦以陈寔喻荀七。

〔二〕《异苑》："陈仲弓从诸子侄造荀季和父子，于是德星聚，太史奏：'五百里内有贤人聚。'"此以贤人比荀七。

〔三〕"玉隐"句语出《论衡》："美玉隐在石中。"

〔四〕俄：不久，旋即。

〔五〕立德：树立德业。《左传·襄公二十四年》："太上有德。"孔颖达疏："立德，谓创炼垂法，博济众施。"清真：纯洁质朴，朴素淡泊。

秋浦歌 （其十四）

炉火照天地，红星乱紫烟。

赧郎〔一〕明月夜，歌曲动寒川。

注释

〔一〕赧郎，原指因害羞而脸红；这里是指炉火映红人脸。

永王东巡歌 （其九）

祖龙浮海不成桥，汉武寻阳空射蛟。

我王楼船轻秦汉，却是天皇欲渡辽〔一〕。

注释

〔一〕据王琦注："天"字非，当作"文"。又引肖注：用事不伦，属伪作。然《太白集》收有。

裴 休

裴休（791—864年），字公美。河内济源（今河南济源）人，祖籍河东闻喜（今山西运城闻喜）。唐朝中晚期政治家、书法家，浙东观察使裴肃次子。

裴休出身河东裴氏东眷房。唐穆宗时登进士第。历官兵部侍郎、同平章事、宣武节度使、荆南节度使等职，曾主持改革漕运及茶税等积弊，颇有政绩。晚年官至吏部尚书，加太子少师，封河东县子。咸通五年（864年），裴休去世，追赠太尉。

裴休博学多能，工于诗画，擅长书法。其撰写的《圭峰禅师碑》，貌似柳体，然而风格较柳体更为遒劲。其书法的传世拓本还有《定慧禅师碑》。米芾有评："裴休率意写碑，乃有真趣，不陷丑怪。"

铜官山保胜侯庙〔一〕

浔阳贤太守〔二〕，遗庙古溪边。
树影入流水，石门当洞天。
幡花迎宝座，香案俨炉烟。
若到千年后，重修事宛然。

注释

〔一〕铜官山麓有灵祐王庙。灵祐王庙即保胜侯庙。据史书记载，此庙建于南朝萧齐年间（479—502年）。相传晋朝浔阳（今江西九江）太守张宽死后成神，人们建庙以奉祀。唐贞元年间（785—805年），因张神"阴有助战功"，江东观察使裴肃（裴休之父）奏封保胜侯。

〔二〕浔阳贤太守：指晋朝浔阳（今属江西九江）太守张宽，传其为政贤明，死后为神，乘铁船顺江来到铜官山下，因其阴间有助战取胜之功而获"游击将军"名，民间建庙以奉祀。

孟浩然

孟浩然（689—740年），名浩，字浩然，号孟山人，襄州襄阳（现湖北襄阳）人，世称孟襄阳。

因他未曾入仕，又被称为孟山人，是唐代著名的山水田园派诗人。孟浩然生当盛唐，早年有志用世，在仕途困顿、痛苦失望后，尚能自重，不媚俗世，以隐士终身。曾隐居鹿门山。40岁时，游长安，应进士举不第。曾在太学赋诗，名动公卿，一座倾服，为之搁笔。开元二十五年，张九龄招致幕府，后隐居。孟诗绝大部分为五言短篇，多写山水田园和隐居的逸兴以及羁旅行役的心情。其中虽不无愤世嫉俗之词，而更多属于诗人的自我表现。孟浩然的诗虽不如王维诗境界广阔，但在艺术上有独特的造诣，故后人把孟浩然与王维并称为"王孟"，有《孟浩然集》三卷传世。

夜泊宣城界

西塞〔一〕沿江岛，南陵〔二〕问驿楼。

湖平津济阔，风止客帆收。

去去怀前浦，茫茫泛夕流。

石逢罗刹碛，山泊敬亭〔三〕幽。

火炽梅根冶，烟迷杨叶洲。

离家复水宿，相伴赖沙鸥。

注 释

〔一〕西塞：山名，在浙江省湖州市西南。

〔二〕南陵：指南陵戍。

〔三〕敬亭即敬亭山。敬亭山原名昭亭山，属黄山支脉。历代咏颂敬亭山的诗、文、记、画数以千计，被称之为"江南诗山"，饮誉海内外。

宋　代

梅尧臣

梅尧臣（1002—1060 年），字圣俞。宣城（今安徽宣城市宣州区）人。宣城古名宛陵，故世称宛陵先生。少时应进士不第，历任州县属官。中年后赐同进士出身，授国子监直讲，官至尚书都官员外郎。在北宋诗文革新运动中，梅与欧阳修、苏舜钦齐名，并称梅欧或苏梅。其早期诗歌创作，曾受西昆诗派影响，后诗风变化，强调《诗经》《离骚》的传统，反对浮艳空泛。艺术上，注重诗歌的形象性、意境含蓄等特点，主张"状难写之景如在目前，含不尽之意见于言外"。所作多反映社会现实和民生疾苦，如《田家语》《汝坟贫女》《猛虎行》等。诗风平淡含蓄，语言朴素自然，如《鲁山山行》，细腻地描写晚秋山间荒凉幽静的景致。此外"五更千里梦，残月一城鸡"（《梦后寄欧阳永叔》）等都是意新语工的写景佳句。但他为了矫正宋初诗坛靡丽之习，诗中不免流于质朴古硬，缺少文采，有过分议论化、散文化的倾向。他对宋代诗风的转变影响很大，刘克庄称其为宋诗的开山祖师。今存《宛陵先生集》60 卷，《拾遗》1 卷，《附录》1 卷，有《四部丛刊》本。

铜官山

碧矿〔一〕不出土，青山凿不休〔二〕。
青山凿不休，坐令〔三〕鬼神愁。

注 释

〔一〕碧矿：指铜矿。

〔二〕凿不休：不停地开采。

〔三〕坐令：致使。

苏　轼

苏轼（1037—1101年），字子瞻，号东坡居士，眉州眉山（今四川眉山市）人。嘉祐二年（1057年），与弟辙同登进士，授大理评事，签书凤翔府判官。熙宁二年（1069年），父丧守制期满还朝，为判官告院。与王安石政见不合，反对推行新法，自请外任，出为杭州通判。迁知密州（今山东诸城），移知徐州。元丰二年（1079年），罹"乌台诗案"，责授黄州（今湖北黄冈）团练副使。哲宗立，高太后临朝，被复为朝奉郎知登州（今山东蓬莱）；任未旬日，除起居舍人，迁中书舍人，又迁翰林学士知制诰，知礼部贡举。元祐四年（1089年），出知杭州，后改知颖州，知扬州、定州。元祐八年（1093年），哲宗亲政，被远贬惠州（今广东惠阳），再贬儋州（今海南儋县）。徽宗即位，遇赦北归，建中靖国元年（1101年）卒于常州（今属江苏），葬于汝州郏城县（今河南郏县）。高宗朝赠太师，谥文忠。《宋史》《东都事略》有传。诗、词、文、书、画均卓然，著有《东坡全集》一百一十五卷、《东坡乐府》三卷。为"唐宋八大家"之一，词学上为北宋词坛豪放派主要作家之一。

题陈公园

一

南北山光照绿波，濯缨[一]洗耳不须多。
天空月满宜登眺，看取青铜[二]两处磨。

二

春池水暖鱼自乐〔三〕，翠岭竹静鸟知还〔四〕。

莫言垒石小风景，卷帘看尽铜官山。

三

落帆重到古铜官〔五〕，长是江风阻往还。

要使谪仙〔六〕回舞袖，千年翠拂五松山。

注释

〔一〕濯，洗涤。缨，系冠的丝带。

〔二〕青铜，这里是指青铜镜，把池水比作镜子，倒映月影。

〔三〕鱼自乐：取《庄子·秋水》"濠梁鱼之乐"意。

〔四〕鸟知还：取陶潜《归去来兮辞》"鸟倦飞而知还"意。

〔五〕古铜官：古代在铜陵设"铜官"，管理铜矿。

〔六〕谪仙：指李白。"谪仙人"是"被贬下凡尘的神仙"之意。李白因其诗歌挥洒灵性，文采焕然，超凡脱俗，所以被称为"谪仙人"。

题铜陵陈公园双池诗

冈陵来势远，幽处更依山。

一片湖景风，千家市井间。

注释

本诗言陈园主人不慕荣利、娴静淡雅、优游自在的生活情趣。既感知四时物候，又尺幅千里，既欣然于物我两欢、不粘连于势利，又察人以情、观世用理，深得老庄精神的旨趣。

黄庭坚

黄庭坚（1045—1105年），字鲁直，号山谷道人，晚号涪翁，洪州分宁（今江西九江市修水县）人。英宗治平进士。曾任地方官和国史编修官。在党争中，以修《神宗实录》不实罪名被贬。最后死于西南贬所。

黄庭坚以诗文受知于苏轼，为"苏门四学士"之一，其诗宗法杜甫，并有"夺胎换骨""点石成金""无一字无来处"之论。风格奇硬拗涩。他开创了江西诗派，在两宋诗坛影响很大。词与秦观齐名，少年时多做艳词，晚年词风接近苏轼。有《山谷集》，自选其诗文名《山谷精华录》，词集名《山谷琴趣外篇》（即《山谷词》）。又擅长行、草书，为"宋四家"之一，书迹有《华严疏》《松风阁诗》及《廉颇蔺相如传》等。

阻风铜陵

顿舟〔一〕古铜都，昼夜风雨黑。

泱波〔二〕崩奔去，天地无限隔。

船人紧维筏〔三〕，何暇思挂席〔四〕。

凭江裂嵌空〔五〕，中有时水〔六〕滴。

洞视不敢前，潭潭蛟龙宅。

网师登长鳢〔七〕，贾我腥釜鬲〔八〕。

斑斑被文章，突兀喙三尺〔九〕。

言语竟不通，唵喝〔一〇〕亦何益。

魁梧类长者，卒以筌饵〔一一〕得。

浮沉江湖中，波中永相失。

有生甚苦相，细大更唼食。

安得无垢称，对榻忘语默。

注释

〔一〕顿，停顿。顿舟即泊舟。

〔二〕泱波即气势磅礴的波涛。

〔三〕维，系也。笮，系舟的棕绳。

〔四〕挂席：行舟扬帆。

〔五〕嵌空：空阔、凹陷、玲珑之意。

〔六〕时水：古水名。

〔七〕网师即渔夫。长鳣：古同"鳝"，鲟鳇鱼的古称。

〔八〕贾我即卖给我。釜鬲：泛指炊器。

〔九〕喙三尺：形容人口头表达能力强，能言善辩。

〔一〇〕喁喁：（1）低声；（2）随声附和，如"喁喁相和"；（3）众人景仰的样子，如"延颈举踵，喁喁然，皆争归义"；（4）鱼口向上，露出水面，"水浊则鱼喁"。

〔一一〕筌，用来捕鱼的工具。饵：放在筌中的诱饵。

阻水泊舟竹山下

竹山虫鸟朋友语，讨论阴晴怕风雨。

丁宁〔一〕相教防祸机，草动尘惊忽飞去。

提壶〔二〕归去意甚真，柳暗花浓亦半春。

北风几日铜官县，欲过五松无主人。

注释

〔一〕丁宁即叮咛。

〔二〕提壶：亦作"提壶芦"，又作"提胡芦"。鸟名，即鹈鹕。唐刘禹锡《和苏郎中寻丰安里旧居寄主客张郎中》："池看科斗成文字，鸟听提壶忆献酬。"宋欧阳修《啼鸟》诗："独有花上提壶芦，劝我沽酒花前醉。"宋梅尧臣《和永叔六篇·啼鸟》："提胡芦，提胡芦，尔莫劝翁沽美酒，公多金钱赐醇酎，名声压时为不朽。"明汤显祖《牡丹亭·劝农》："提壶叫，布谷喳。"清曹寅《雨中李使君饷浙东薏苡酒戏成》诗之一："一具春槽十斛珠，栗留枝上唤提壶。"

铜官县望五松山集句〔一〕

北风无时休，崩浪〔二〕聒天响。

蛟鼍〔三〕好为祟，此物俱神王。

我来五松下，白发三千丈。

松门点青苔，惜哉不得往。

今日天气嘉，清绝心有向。

子云性嗜酒，况乃气清爽。

此人已成灰，杯贤盈梦想。

衣食当须儿，吾得终疏放〔四〕。

弱女虽非男，出处同世网。

搔背牧鸡豚，相见得无恙。

注释

〔一〕诗是选摘他人诗文的成句，连缀成篇的一种诗。集句诗可以抒情言志，状物记事，虽是用别人的现成句子，但表达的是另一种思想情感。

〔二〕崩浪：势如天崩地裂的波浪。

〔三〕蛟：古代传说中一种能发洪水的龙。鼍：爬行动物，吻短，体长2米多，背部、尾部均有鳞甲。穴居江河岸边，皮可以蒙鼓。亦称"扬子鳄""鼍龙""猪婆龙"。

〔四〕疏放：无拘无束的神态。

铜官僧舍得尚书郎赵宗闵墨竹一支，笔势妙天下，为作小诗二首

一

省郎〔一〕潦倒今何处？败壁风生霜竹枝。

满世口口专翰墨〔二〕，谁为真赏拂蛛丝？

二

独来野寺无人识，故作寒枝雪压枝。

想得平生藏妙手，只今犹在鬓如丝。

注 释

〔一〕省郎：（1）指皇帝的侍从官，因居省禁中，故称。《南史·王韶之传》："晋帝自孝武以来常居内殿，武官主书于中通呈，以省官一人管诏诰，住西省，因谓西省郎。"（2）指中枢诸省的官吏。唐杜甫《入奏行赠窦侍御》："省郎京尹必俯拾，江花未落还成都。"宋沈括《梦溪笔谈·辩证一》："唐贞观中，敕下度支求杜若，省郎以谢朓诗云'芳洲采杜若'，乃责坊州贡之，当时以为嗤笑。"康有为《大同书》甲部第一章："若夫华族高门，膏腴世爵，春秋则代为执政，六朝则世戴金貂，著作秘书，不屑省郎。"

〔二〕翰墨：（1）义同"笔墨"，原指文辞。（2）三国魏曹丕《典论·论文》："古之作者，寄身于翰墨，见意于篇籍。"后世亦泛指文章、书法和中国画。

大通禅师真赞

前波法涌，后波大通。大通法涌，彻底澄空。

圆照愿海，千沤一实。圆通法流，滔天沃日。

三世一念，十方见前。铜岩铁壁，不可攀援。

见即弹指，蹉过万千。大则偏圆异位，通则

真假同源，观者著眼，是传非传。

陈公学堂诗

东坡咏

虚斋〔一〕识得名利空，甘守林泉到老同。

宏博古今通圣域〔二〕，闲依花草咏芳丛。

潜心藐视三公〔三〕贵，寄迹高随四皓〔四〕风。

每忆屡征端不就，令人千载话无穷。

又　咏

狮子青映碧云天，侧有天民〔五〕嗽醴泉。

丹凤七襄〔六〕频赐诏，黄冠〔七〕千古独招仙。

闲来清啸无愁月，醉里沉酣不计年。

我为羊裘忘世态，羊裘〔八〕偏应客星元。

山谷咏

千里相知隐逸园，羡君名重翰林仙。

自惭谬点朱衣列，独惜真儒绿野贤。

默契诗书新日月，趣遗桃李旧山川。

须知樽酒无情曲，恨极难逢十年前。

注释

〔一〕虚斋：陈耆，字凤翔，号虚斋，自称桐竹君，别号闭户先生，铜陵县贵上耆（今钟鸣镇）人。

〔二〕圣域：圣人的境界。

〔三〕三公：辅佐皇帝的最高官员。

〔四〕四皓：指汉朝隐士"商山四皓"，是居住在陕西商山深处的四位白发皓须、德高望重、品行高洁的老者。他们四位分别是苏州太湖甪里先生周术，河南商丘东园公唐秉，湖北通城绮里季吴实，浙江宁波夏黄公崔广。

〔五〕天民：（1）指贤者。因其明乎天理，适乎天性。（2）指勤劳智慧的人民。

〔六〕七襄：指织女星七次移位置。古人一天分十二时辰，白日分卯时至酉时共七个时辰，织女星座每一个时辰移动一次。

〔七〕黄冠：（1）古代指箬帽之类，腊祭时戴之。（2）道士之冠。这里是指道士之冠，亦借指道士。

〔八〕羊裘：指隐者或隐居生活。《后汉书》卷八十三《逸民列传·严光》："严光，字子陵，一名遵，会稽余姚人，少有高名，与光武同游学。及光武即位，乃变名姓，隐身不见。帝思其贤，乃令以物色访之。后齐国上言：'有一男子，披羊裘钓泽中。'帝疑其光，乃备安车玄纁，遣使聘之。三反而后至。舍于北军，给床褥，太官朝夕进膳。……除为谏议大夫，不屈。乃耕于富春山，后人名其钓处为严陵濑焉。建武十七年，复特征，不至。年八十，终于家。帝伤惜之，诏下郡县赐钱百万、谷千斛。"

孔武仲

孔武仲（1042—1097年），字常父，今峡江县罗田乡西江村人。孔子四十七代孙，孔文仲大弟。自幼聪慧好学。嘉祐八年（1063年）登进士甲科第六。初授谷城县主簿。历任江州（今江西九江）、信州（今江西上饶）军事推官、湘潭县知县。后任国子监司业、集贤院校理时，奏请朝廷改革科举制度，恢复以诗赋取士，选贤举能。元祐六年（1091年）七月，以宝文阁待制出任宣州（今安徽宣城）、洪州（今江西南昌）知州。绍圣三年（1096年），因朝廷党派斗争激化被免职，定居池州（今安徽贵池县）。从此，专事文学研究，与欧阳修、苏轼、苏辙、黄庭坚等人过从甚密，诗词唱酬，信书不绝。一生著说百余卷，主要有《书说》13卷、《诗说》20卷、《论语说》10卷、《金华讲义》13卷、《孔氏奏议》3卷、《芍药园序》及《孔氏杂说》等。

铜陵县端午日寄兄弟二首·寄经父

柳浦移舟带雨行，奔波南北是平生。

忽惊佳节临端午，还记当年客禁城。

丹杏饤盘深簇火，碧醪〔一〕倾盏酽堆饧〔二〕。

菖蒲角粽俱如旧，何事樽前醉不成。

⬭注⬭释

〔一〕醪即酒。

〔二〕酽，汁液浓，味厚，引申指颜色的浓（酽醋、酽茶）。饧：（1）糖稀。（2）糖块、面剂子等变软。（3）精神不振，眼睛半睁半闭（眼睛发饧）。

铜陵县端午日寄兄弟二首·寄季毅

南北飘然各转蓬，佳辰无路笑言同。

铜壶县冷更微雨，白鹊楼高来远风。

粽剥雪肤明席上，酒倾玉骨映杯中。

区区羁旅无欢笑，遥想华堂屡一烘。

李 纲

李纲（1083—1140年），字伯纪，常州无锡人，祖籍福建邵武。政和二年（1112年）进士。北宋末任太常少卿，兵部侍郎，尚书右丞。靖康元年（1126年），金兵围逼开封，李纲登城督战，激励将士，击退金兵。高宗即位后，他一度被启用为宰相。

江行池阳至铜陵

春江望不极，惨淡起层阴。

烟雨蒙蒙尘，云涛渺渺深。

怀家千里意，报国一生心。

叹息知音少，空为梁父〔一〕吟。

注释

〔一〕梁父，山名，又名映佛山，坐落在新泰境内的徂徕山东。秦始皇曾有过"封禅"之举，封泰山而禅梁父。汉武帝、汉光武帝亦有此举。汉唐间乐府流行的《梁父吟》，更是脍炙人口的名曲。

铜陵阻风

春色到江渚，梅花正断魂。

风波留远棹，烟雨湿寒村。

雁过传遗响，潮来没旧痕。

凄凉一樽酒，愁绝与谁论。

游五松山观李太白祠堂

大江东南流，鼓舵江水上。

薄游五松山，获见谪仙像。

呜呼天宝间，治乱[一]如反掌。

兵戈暗中原，豪杰多长往。

谪仙当此时，逸气溢天壤[二]。

脱身[三]来江东，缥缈青霞赏。

作诗几千篇，醉笔笼万象。

迄今有遗祠，识者共瞻仰。

注释

〔一〕治乱：平息安史之乱。

〔二〕逸气溢天壤：超人的才气充满了天地之间。

〔三〕脱身：这里指李白被贬。

杨万里

杨万里（1127—1206年），字廷秀，号诚斋，吉州吉水（今属江西）人。绍兴二十四年（1154年）进士，授赣州司户参军，调零陵丞，累官至宝谟阁学士。与尤袤、范成大、陆游合称南宋"中兴四大诗人"。杨万里的诗歌大多描写自然景物，且以此见长，也有不少篇章反映民间疾苦，抒发爱国感情；语言浅近明白，清新自然，富有幽默情趣；被称为"诚斋体"。其代表作品有《晓出净慈寺送林子方》《小池》《宿新市徐公店》《闲居初夏午睡起》《新柳》《舟过安仁》等。

舟过大通镇

淮上〔一〕云垂岸，江中浪拍天。

顺风那敢望，下水更劳牵。

芦荻偏留缆，渔罾最碍船。

何曾怨川后〔二〕，鱼蟹不论钱。

注 释

〔一〕淮上：指远处水天相接的地方。

〔二〕川后：古代中国传说中的河神。

从丁家洲避风行小港出荻港大江

一

蓼岸藤湾隔尽人，大江小汉绕成轮。

围蔬编荻不争地，种柳坚堤非买春。

匏瓠〔一〕放教俱上屋，渔樵相倚自成邻。

夜来更下西风雪，荞麦梢头万玉尘〔二〕。

二

荻蓠〔三〕萧洒眠来新，茅屋横斜画不真。

干地种禾那用水，湿芦经火自成薪。

岛居莫笑三百里，菜把活他千万人。

白浪打天风动地，何曾惊著一微尘。

三

芦挥尘尾话清秋，柳弄腰肢舞绿池。

引得长风颠入骨，戏抛波浪过于楼。

十程拟作一程快，一日翻成十日留。

未到大江愁未到，大江到了更添愁。

注释

〔一〕"匏瓠"也就是葫芦的意思。

〔二〕夜来更下西风雪，荞麦梢头万玉尘：皆指荞麦开花。

〔三〕荻：芦苇类植物。蓠：（1）红藻的一种，生长在海湾浅水中，可用来制造琼脂。（2）古书上说的一种香草。

夜宿羊山矶

夜宿羊山矶，将晓，大雨北风甚劲，俄顷行三百余里。

五更颠风吹急雨，倒海翻江洗残暑。

白浪如山泼入船，家人惊怖篙师舞。

此行十里苦滞留，我亦芦丛厌鸣橹。

书生快意轻性命，十丈蒲帆〔一〕百夫举。

星驰电鹜三百里，坡垅联翩杂平楚〔二〕。

船头风浪声愈厉，助以长笛挝鼍鼓〔三〕。

岂惟滂湃震山岳，直恐颎洞连后土。

起看草木尽南靡〔四〕，水鸟号鸣集洲渚。

稽首龙公谢风伯〔五〕，区区末祷烦神许。

应知老去负壮心，戏遣穷途出豪语。

(注)(释)

〔一〕蒲帆：用蒲草编织的船帆。

〔二〕平楚：谓从高处远望，丛林树梢齐平。南朝齐谢朓《宣城郡内登望》诗："寒城一以眺，平楚正苍然。"唐李商隐《访隐》诗："月从平楚转，泉自上方来。"明杨慎《升庵诗话·平林》："楚，丛木也；登高望远，见木杪如平地，故云平楚。"鲁迅《阻郁达夫移家杭州》诗："平楚日和憎健翮，小山香满蔽高岑。"

〔三〕鼍鼓：用鼍皮蒙的鼓，其声亦如鼍鸣。鼍鼓，亦称晋鼓。古称扬子鳄为鼍，以坚厚的鼍皮冒鼓，声如鼍鸣，故称鼍鼓。

〔四〕南靡：向南边倒下。

〔五〕龙公、风伯：皆为传说中降雨乔风的神灵。

王安石

王安石（1021—1086年），字介甫，号半山，临川（今江西抚州市临川区）人，北宋著名的思想家、政治家、文学家、改革家。庆历二年（1042年），王安石进士及第。历任扬州签判、鄞县知县、舒州通判等职，政绩显著。熙宁二年（1069年），任参知政事，次年拜相，主持变法。因守旧派反对，熙宁七年（1074年）罢相。一年后，宋神宗再次起用，旋又罢相，退居江宁。元祐元年（1086年），保守派得势，新法皆废，郁然病逝于钟山（今江苏南京），赠太傅。绍圣元年（1094年），获谥"文"，故世称王文公。

王安石潜心研究经学，著书立说，被誉为"通儒"，创"荆公新学"，促进宋代疑经变古学风的形成。哲学上，用"五行说"阐述宇宙生成，丰富和发展了中国古代朴素唯物主义思想；其哲学命题"新故相除"，把中国古代辩证法推到一个新的高度。王安石在文学中具有突出成就，其散文论点鲜明、逻辑严密，有很强的说服力，充分发挥了古文的实际功用；短文简洁峻切、短小精悍，名列"唐宋八大家"。其诗"学杜得其瘦硬"，擅长说理与修辞，晚年诗风含蓄深沉、深婉不迫，以丰神远韵的风格在北宋诗坛自成一家，世称"王荆公体"。有《王临川集》《临川集拾遗》等存世。

胡氏逢原堂[一]

我爱铜官好，君实家其间。

山水相萦萃，花卉矜春妍。

有鸣林间禽，有跃池中鲜。

叶山何嵯峨，秀峙东南偏。

峰峦日在望，远色涵云边。

宾客此鳞集〔二〕，觞饮当留连。

君家世儒雅，子弟清风传。

前日辟书堂，名之曰逢原。

有志在古道〔三〕，驰情纂高贤。

深哉堂名意，推此宜勉旃〔四〕。

木茂贵培本，流长思养源。

左右无不宜，愿献小诗篇。

（注）（释）

〔一〕胡氏逢原堂后称王荆公书堂，为铜陵名胜古迹，位于大明寺右侧，建于北宋，今废。现保存书堂门楣王安石手迹石刻，书堂所建的石鼓和兽形砖碉尚可一现当年书堂典雅风采。

〔二〕鳞集：如鱼群集。

〔三〕古道：是一个专有名词，指的是传统的正道。今通称不趋附流俗，守正不阿为古道。

〔四〕勉旃：努力，多于功勉时用之。旃，语气助词。

灵窦泉〔一〕

山腰石有千年润，海眼泉无一日干。

天下苍生望霖雨，谁知龙向此中蟠。

（注）（释）

〔一〕灵窦泉，位于铜陵县顺安镇明湖村（原新桥镇大明村）境内，又称"海眼"。因泉出两穴，形如蟹眼，又名"蟹眼泉"。

挽舜元胡著作郎

德行文章里闬[一]宗，姓名朝野尽知公。

侍亲存没皆全孝，报政[二]初终必竭忠。

性直不从花县乐，分安求逸郁堂空。

从今永别人间去，笑入蓬瀛[三]阆苑[四]中。

注释

〔一〕里闬：（1）指里门。《后汉书·成武孝侯顺传》："顺与光武同里闬，少相厚。"李贤注："闬，里门也。"《文选·左思〈蜀都赋〉》："外则轨躅八达，里闬对出，比屋连甍，千庑万室。"刘逵注："闬，里门也。"（2）代指乡里。元辛文房《唐才子传·徐凝》："〔凝〕与施肩吾同里闬，日亲声调。"清钱谦益《雷孝子传》："〔其父〕强饭徐步，优游里闬者一年而卒。"章炳麟《訄书·官统下》："夫豪俊虽超轶于里闬之士，其材性则大氐不出其里闬。"

〔二〕报政：陈报政绩。《史记·鲁周公世家》："周公卒，子伯禽固已前受封，是为鲁公。鲁公伯禽之初受封之鲁，三年而报政周公。周公曰：'何迟也？'伯禽曰：'变其俗，革其礼，丧三年然后除之，故迟。'"后遂为地方官政绩卓著之典。唐刘禹锡《上门下武相公启》："念外台报政之功，追宣室前席之事。"

〔三〕蓬瀛：蓬莱和瀛洲。神山名，相传为仙人所居之处。亦泛指仙境。

〔四〕阆苑：也称阆风苑、阆风之苑，传说在昆仑山之巅，是西王母居住的地方。在诗词中常用来泛指神仙居住的地方，有时也代指帝王宫苑。

顺安临津驿〔一〕

临津艳艳花千树，夹径斜斜柳数行。

却忆金明池〔二〕上路，红裙争看绿衣郎。

注释

〔一〕顺安临津驿，史载，唐初（贞观年间，638年左右）朝廷在今天的安徽铜陵顺安镇设立了驿站。驿站有一定的资产设备，如房屋车马和住宿设施等。驿站设有驿丞一人，是九品小吏，起码的官员。

〔二〕金明池：金明池是北宋时期著名的皇家园林，位于东京汴梁城（今开封）外。园林中建筑全为水上建筑，池中可通大船，战时为水军演练场，那里风景秀丽。张择端的《金明池争标图》就是描绘了金明池中水军演练的场景。一些文人也创作了关于金明池的诗词。

陈公学堂诗〔一〕

隐翁何事逝仙游？遐想遗芳泪暗流。

洒落襟怀超俗侣〔二〕，能全道德卧林丘。

倾心夹辅〔三〕收三益，握手交欢共四休〔四〕。

泣拜尊灵今日别，不堪回首思悠悠。

注释

〔一〕陈公学堂在马仁山侧，系陈翥所建，为筑室读书处。

〔二〕俗侣：指尘世间的友人。唐戴叔伦《游道林寺》诗："佳山路不远，俗侣到常稀。"

〔三〕夹辅：辅佐。《左传·僖公四年》："五侯九伯，女实征之，以夹辅周室！"《三国志·魏志·齐王芳传》："大将军、太尉奉受末

第一部分 先贤咏铜官

命，夹辅朕躬。"宋沈初《周以宗强赋》："任先宗子，协图夹辅之勋；本固王家，益植太平之趾。"明徐复祚《一文钱》："我想做人家，虽要家主勤俭，也须妻儿奴仆夹辅才好。"

〔四〕四休：宋太医孙昉别号四休居士，省称四休。宋黄庭坚《四休居士诗序》："太医孙君昉，字景初……自号四休居士。山谷问其说。四休笑曰：'粗茶淡饭饱即休，补破遮寒暖即休，三平二满过即休，不贪不妒老即休。'山谷曰：'此安乐法也。'"金刘仲尹《别墅》诗："灶下旋添温坑火，床头剩买读书油。可人谁似黄夫子，着意裁诗寄四休。"

胡舜元

胡舜元（1019—1099年），字叔才，铜陵县凤凰耆沸水（今铜陵县新桥镇境内）人。

胡舜元出身铜陵大世家，少曾与王安石"共砚席，相友善"。北宋嘉祐四年（1059年）中进士，历任德兴、郑县县令，后迁秘书省著作郎。王安石青年时期结识了胡舜元。王安石除了在铜陵写过不少诗外，后来在舒州任上还专门为胡氏写了一篇热情洋溢的《送胡叔才序》。胡舜元在政治上属保守势力，王安石变法时，胡竟"以书诋安石"，攻击王安石变法是"怀利事君，贪财害民"，并辞官"归隐"，"如今始觉天将晓，深闭蓬门不问津。"胡舜元终于在"优游林下二十年"后，卒于自己的故乡，葬望牛山。

邀婿汪澥游叶山

拂拂和风吹我衣，野棠开彻鹧鸪啼。

一年好景君须记，莫惜携壶上翠薇。

谒金门·贺婿汪澥中乡试

香馥郁。月殿高攀金粟〔一〕，争夸万里云霄足，真个人如玉。　上苑〔二〕春风锦簇。喜听琼林〔三〕报速，少年得意君恩沐，早应金瓯卜。

注释

〔一〕金粟：桂花的别名。因其色黄如金，花小如粟，故称。

〔二〕上苑：又称上林苑，汉武帝刘彻于建元三年（前138年）在秦代的一个旧苑址上扩建而成的宫苑。

〔三〕琼林：（1）琼树之林。古人常以形容佛国、仙境的瑰丽景象。（2）比喻披雪的树林。（3）喻白色的花树。（4）唐，内库名。（5）宋，内苑名。

贺婿汪瀚升枢密使

乾坤踪迹路人碑，白首心犹释褐时。

四十冰霜枢府度，百年风月草庭思。

龙飞紫极方资辅，鹄立丹墀已耆夷。

事业振夔今胜会，舜廷应见凤来仪。

赠族人一源归歙州

一派仙源直到今，百年耕读两行分。

只缘马上风声异，不是城南杜正伦。

归隐诗

利欲牵人四十春，不堪奔走逐红尘。

如今始觉天将晓，深闭蓬门不问津。

又

懒将狗尾〔一〕续金门〔二〕，且整锄犁向野莘。

尧桀〔三〕是非浑不解，一蓑烟雨一蓑云。

注释

〔一〕狗尾：比喻供人役使。

〔二〕金门：比喻朝廷。

〔三〕尧桀：指唐尧、夏桀。

胡 乘

胡乘，铜陵县凤凰耆沸水（今铜陵县新桥镇）人。

胡舜元兄舜申之孙。宋政和二年（1112年）登进士，任江宁（今江苏江宁）县尉，不满一个月便弃官隐遁，自号菊庄懒客。

咏沸水寺[一]

沸沸流泉出洞天，清清长涌管峰[二]前。

桑田沧海频更变，惟有涛声亿万年。

注释

〔一〕沸水：原新桥镇大明村（今属顺安镇明湖村）古名。沸水寺，即大明寺。

〔二〕管峰：新桥镇新丰村境内管山（今属顺安镇新湖村）。

王十朋

王十朋（1112—1171年），字龟龄，号梅溪，生于温州乐清（今浙江省乐清市）四都左原梅溪村。南宋著名政治家、诗人，爱国名臣。绍兴二十七年（1157年）他以"揽权"中兴为对，被宋高宗亲擢为进士第一（状元）。官秘书郎。曾数次建议整顿朝政，起用抗金将领。孝宗立，累官侍御史，力陈抗金恢复之计。历知饶、夔、湖、泉诸州，救灾除弊，有治绩，时人绘像而祠之。乾道七年（1171年），王十朋逝世，年60岁。绍熙三年（1192年），追谥忠文。有《梅溪集》等。

铜陵阻风

一

两年官绝塞[一]，万里下瞿塘。

秋浦[二]浪方急，铜陵风又狂。

五松人忆白，双竹句思黄[三]。

今夜舟中月，中秋何处光。

二

江入铜陵县，舟藏芦苇间。

邮亭危压浦，佛屋漏依山。

月出乌将绕，风高雁欲还。

江山不贫处，一览见尘寰。

注　释

〔一〕官绝塞：官运不通。

〔二〕秋浦：在安徽池州境内。

〔三〕黄：这里指黄庭坚。

富览亭

一望之中万象新，铜官宝嶂悉生春。

风光拼取收囊〔一〕底，宦况于今也不贫。

注释

〔一〕囊：指诗囊。

张孝章

张孝章，南宋人，宋嘉泰年间（1201—1204年）任铜陵县令。在铜陵颇有政绩。离任后，乡民将他的名字祀于"名宦祠"内。

题富览亭

碧瓦朱甍〔一〕接翠崖，周围无地着纤埃。

山从云脚断边出，水向天根尽处来。

去蜀征帆轻渺渺，隔淮〔二〕春树绿洄洄。

偷闲一到尘襟〔三〕涤，坐见星河落酒杯。

注 释

〔一〕朱甍：（1）朱红色的屋顶。唐李白《明堂赋》："皓壁昼朗，朱甍晴鲜。"（2）借指帝王宫室和道院、庙宇等。宋陆游《归三山入秋益凉欣然有赋》："碧瓦朱甍无杰屋，乌篷画楫有新船。道山顶上虽清绝，万顷烟波始是仙。"明何景明《大梁行》："万骑千乘空云屯，绮构朱甍不复存。"明王錂《春芜记·瞥见》："朱甍画栋绕祇园，看云外幡风飘乱。"张怀奇《颐和园词》："朱甍天际集凤凰，九成避暑离宫凉。"

〔二〕隔淮：淮，指长江。隔着长江能看到对岸郁郁葱葱。

〔三〕尘襟：世俗的胸襟。唐黄滔《寄友人山居》诗："茫茫名利内，何以拂尘襟。"元王德信《集贤宾·退隐》套曲："自焚香下帘清坐久，闲把那丝桐一奏，涤尘襟消尽了古今愁。"谢无量《春日寄怀马一浮》诗："愿持千里意，聊为豁尘襟。"

晁补之

晁补之（1053—1110年），字无咎，号归来子，济州巨野（今山东巨野）人，元丰二年进士。

晁补之曾任吏部员外郎、礼部郎中等，曾两度被贬。工书画，能诗词，善属文。苏门四学士之一。词风受苏轼影响，气象雄俊沉郁。有《鸡肋集》《晁氏琴趣外篇》等。

过铜陵南望

云端忽露碧屏颜〔一〕，如髻如簪缥缈间〔二〕。

惊骇舟中齐举首，不言知是九华山。

注释

〔一〕屏颜：（1）险峻、高耸貌。（2）指高峻的山岭。

〔二〕各种形状的山峰，烟雾缭绕，时隐时现。

杨 奂

杨奂，又名知章，字焕然，乾州奉天人。生于金世宗大定二十六年，卒于元宪宗五年。金末，尝作万言策，指陈时病；欲上不果。元初，隐居为教授，学者称为紫阳先生。耶律楚材荐为河南廉访使，约束一以简易。在官十年请老。卒，谥文宪。杨奂著作很多，有还山前集八十一卷，后集二十卷，（元史作还山集六十卷，元好问作奂神道碑则称一百二十卷）近鉴三十卷，韩子十卷，㮤言二十五篇，砚纂八卷，北见记三卷，正统纪六十卷等，传于世。

泊舟老鹳嘴

滚滚风生浪，娟娟〔一〕月印沙。

船头平压水，棹尾捷成花〔二〕。

老去常为客，愁来转忆家。

双栖疏影里，羡杀（煞）柳旁鸦。

注释

〔一〕娟娟：（1）姿态柔美貌。（2）长曲貌。（3）明媚貌。（4）飘动貌。（5）同"涓涓"。缓流，细流。（6）美好的样子。

〔二〕棹尾捷成花：摇船泛起的水花。

戴昺

戴昺，字景明，号东野，天台人。少工吟咏，为族祖戴复古所称。宋嘉定十二年（1219年）进士，授赣州法曹参军。其余事迹不详。其诗清婉可讽，有《东野农歌集》五卷。

归途过铜官山

山径崎岖落叶黄，青松疏处漏斜阳。

寒乌无数声相应，一阵微风野菊香。

五松山太白祠堂

舣舟〔一〕来访宝云寺，快上山头寻五松。

捉月仙人〔二〕呼不醒，一间老屋〔三〕战西风。

（注）（释）

〔一〕舣舟：停船靠岸。

〔二〕捉月仙人：传说李白晚年在长江采石矶醉酒入水捉月沉溺而死。

〔三〕一间老屋：指太白祠堂。

林 槦

林槦，字子长，玉山（今江西玉山县）人。南宋淳熙七年（1180年）任铜陵知县，在任颇有政绩，任职期间"昼日垂帘，庭无讼者"，后人将其名祀于"名宦祠"。

题太白五松书堂

翰林〔一〕最爱五松山，尝说千年未拟还。

而我抗尘〔二〕良自愧，来游只得片时闲。

又

千载名山乐有余，功名尝愧十年书。

英风凛凛无今古，醉草明光〔三〕一梦如。

又

荡漾清溪两桨飞，趋行不及到斜晖。

无人跪进雕胡饭，只学卢仝〔四〕啜茗归。

又

为儒为吏两无功，采石〔五〕铜官邂逅同。

四见清明今一换，归欤我欲片帆东。

又

江风朝暮半晴阴，绀宇飞甍〔六〕接翠岑。

手摘匏瓜曾未遍，身从鸥鹭得相寻。

又

千年舞袖云崖冷，几度桃花春水深。

犹有门前旧诗句，松风万壑老龙吟。

〔一〕翰林：指李白。李白做过最大的官是翰林待诏。唐初，凡文辞经学之士及医卜等有专长者，均待诏值日于翰林院，以备传唤。相当于御用文人，每天做的事就是写些歌功颂德的诗，想想李白的脾气肯定不答应，于是后来玄宗"赐金放还"。

〔二〕抗尘：奔走尘世。宋王安石《上集贤相公启》："为吏南州，抗尘末路。"

〔三〕醉草明光：醉草，是写李白醉后代写诏书。明光，汉代宫殿名。

〔四〕卢仝：（约795—835年）唐代诗人，初唐四杰卢照邻嫡系子孙。早年隐少室山，后迁居洛阳。自号玉川子，破屋数间，图书满架，刻苦读书，博览经史，工诗精文，不愿仕进，被尊称为"茶仙"。

〔五〕采石：今马鞍山市境内。

〔六〕绀宇，即绀园，佛寺之别称。唐王勃《益州德阳县善寂寺碑》："朱轩夕朗，似游明月之宫；绀宇晨融，若对流霞之阙。"宋欧阳修《广爱寺》诗："都人布金地，绀宇岿然存。"清姚鼐《重宿幽栖寺》诗："绀宇中临千嶂小，黄梅旁出一枝尊"。飞甍，即两端翘起的房脊。

陈翥

陈翥（982—1061 年），北宋著名科学家，字凤翔，号虚斋、咸聱子、桐竹君，铜陵县贵上眷土桥（今钟鸣镇）人。5 岁读书，14 岁入县学，曾有悬梁苦读跻身科举的愿望。后因父亲早逝、兄弟不和兼自身患病十余年，至 40 岁时，方"志愿相畔，甘为布衣，乐道安贫"，一面闭门苦读，一面参与耕作，坚持不辍。60 岁时，他在家中数亩山地植桐树（泡桐）数百株专事研究，除悉心钻研前人有关著作外，还"召山叟，访场师"，尤注重实践经验的总结，北宋皇祐年间（1049—1053 年）撰成《桐谱》书稿约 1.6 万字。《桐谱》系世界上最早记述桐树栽培的科学技术著作，其中 6 篇专论植桐技术，为全书的精粹。

桐竹君咏并序

高桐临紫霞，修篁拂碧云。

吾常居其间，自号桐竹君。

不解仿俗利[一]，所希脱世纷。

会交但文学，启谈皆《典》《坟》[二]。

吁嗟机巧徒[三]，反道是胡云。

注 释

〔一〕俗利：世俗小人之利。

〔二〕《典》《坟》：五典、三坟的并称，后转为古代典籍的通称《三坟》（即伏羲、神农、黄帝之书）、《五典》（即少昊、颛顼、高辛、尧、舜之书）、《八索》（乃八卦之说）、《九丘》（九州之志）等古书。

〔三〕机巧徒：投机取巧之辈。

西山桐十咏并序（缺一咏）

桐　栽

吾有西山桐，植之未盈握。

所得从野人，移来自乔岳。

节凝叶尚秘，根疏土自剥。

匪节待篱鸩，庸将栖鸑鷟[一]。

异日成茂林，论材谁见擢？

巨则为栋梁，微亦任楹桷[二]。

仍堪雅琴器，奏之反淳朴。

大匠如顾怜，委身愿雕斫。

注释

〔一〕鸑鷟：是古代中国民间传说中的五凤之一，身为黑色或紫色，鸑鷟象征着坚贞不屈的品质。

〔二〕楹桷：柱与椽。唐杜甫《往在》诗："车驾既云还，楹桷欻穹崇。"《警世通言·旌阳宫铁树镇妖》："宋高宗建炎间，金人寇江左，欲焚毁宫殿。俄而水自楹桷喷出，火不能烧。"

桐　根

吾有西山桐，密邻桃与李。

得地自行根，受芘愈高矗[一]。

上濯青云膏[二]，下滋醴泉髓。

盘结侔循环，歧分类枝体。

乘虚肌体大，坟涨[三]土脉起。

扶疏向山壤，蔓衍出林址。

愿偕久深固，无为半生死。

倘仪大厦材，合抱由兹始。

注释

〔一〕蔂，藤也，如"南有樛木，葛蔂萦之"。也有缠绕的意思。

〔二〕青云，指天空。膏，指滋润土壤的雨水。

〔三〕坟涨：树根培土如坟包。树根长粗，培土包也在升高。

铜　花

吾有西山桐，桐盛茂其花。

香心自蝶恋，缥缈带无涯。

白者含秀色，粲如凝瑶华〔一〕。

紫者吐芳英，烂若舒朝霞。

素奈未足拟，红杏宁相加。

世但贵丹药，夭艳资骄奢。

歌管绕庭槛，玩赏成矜夸。

倘或求美时，为尔长吁嗟。

注释

〔一〕瑶华：（1）玉白色的花。有时借指仙花。（2）喻指霜、雪。（3）指美玉。（4）比喻诗文的珍美，用以对人诗文的美称。（5）"瑶华圃"的省称，为传说中仙人居住的地方。

桐　叶

吾有西山桐，下临百丈溪。

布叶虽迟迟，庇根亦萋萋。

密类张翠幄〔一〕，青堪翦封圭〔二〕。

滑泽经日久，濡毳随干跻〔三〕。

迎风带影动，坠雨向身低。

宁隐凡鸟〔四〕巢，自蔽仪凤栖。

松柏徒尔顽，蒲柳空思齐。

但有知心时，应侯〔五〕常弗迷。

注 释

〔一〕翠，即绿色。幄，即帐幕。

〔二〕翦，同剪。周成王与唐叔虞燕居，援梧叶以为圭。圭，即古玉器名，长条形，上端作三角形，下端作正方形。中国古代贵族朝聘、祭祀、丧葬时以为礼器，依其大小，以别尊卑，又作珪。

〔三〕濡，即沾湿、润泽。毳，即人的汗毛、鸟兽的细毛。随干跻，即桐树的细毛随着树干生长。

〔四〕凡鸟：平凡的鸟，用来比喻庸才。作为典故，语出《世说新语·简傲》：嵇康与吕安交好。

〔五〕应侯：范雎（？—前255年），字叔，魏国芮城（今山西芮城）人，著名政治家、军事谋略家，秦国宰相，因封地在应城，所以又称为"应侯"。范雎本是魏国中大夫须贾门客，因被怀疑通齐卖魏，差点被魏国相国魏齐鞭笞致死，后在郑安平的帮助下，易名张禄，潜随秦国使者王稽入秦。

桐　乳

吾有西山桐，厥实〔一〕状如乳。

含房〔二〕隐绿叶，致巢〔三〕来翠羽。

外滑自为穗，中虚不可数。

轻渐曝秋阳，重即濡绵雨。

霜后感气裂，随风到烟坞。

虽非松柏子，受命亦于土。

谁能好琴瑟〔四〕，种之向春圃。

始知非凡材，诸核〔五〕岂相伍？

注释

〔一〕厥实：果实。

〔二〕含房：含苞待放。

〔三〕致巢：桐籽也可称"桐乳"，凤好食之。《庄子》里讲过"空门来风，桐乳致巢"。

〔四〕好琴瑟：梧桐是制琴的最佳材料，喜好琴瑟者，春天将籽种入园圃。

〔五〕诸核：其他的种子。

桐孙（孤）

高桐已繁盛，萧萧西山陇。

毳叶竟开展，孙枝〔一〕自森耸。

擅美推东南，滚荣藉萋菶〔二〕。

不能容燕雀，只许栖鸾凤。

宁入吴人爨〔三〕，堪随伯禹〔四〕贡。

雨露时相加，霜雪胡为冻。

况有奇特材，足任雅琴用。

中含太古音，可奏清风颂。

〔一〕孙枝：新生的嫩枝。

〔二〕葇菶：葇与菶均为形容草木茂盛状，联用亦同义。

〔三〕：爨（cuàn）：（1）烧火做饭：分居各爨。（2）灶："客传萧寒爨不烟。"吴人有以桐作薪者。

〔四〕伯禹：伯禹意为夏禹。出自《尚书·舜典》："伯禹作司空。"孔颖达疏引贯逵曰："伯，爵也。禹代鲧为崇伯，入为天子司空，以其伯爵，故称伯禹。"晋郭璞《江赋》："骇黄龙之负舟，识伯禹之仰嗟。"唐张鷟《游仙窟》："张骞古迹，十万里之波涛；伯禹遗踪，二千年之坂隥。"这里代指皇帝。

桐　风

分材植梧桐，桐茂成翠林。

日日来轻风，时时自登临。

拂干动微毳，吹叶〔一〕破圆阴。

虚凉可解愠，轻鼓如调琴。

莫传独鹄号，愿送栖凤吟。

岂羞楚襄王，兰台堪披襟。

亦陋陶隐居，高阁听松音。

无为摇落意，慰我休闲心。

注释

〔一〕吹叶：嫩枝易折，为防风袭，用竹竿将其叶敲破，以免招风。

桐　阴

枝软自相交，叶荣更分茂。

所得成清阴，仍宜当白昼。

荫疑翠帘展，翳若繁云霞。

日午密影叠，风摇碎花漏。

冷不蔽空井，高堪在庭甃〔一〕。

吾本闲野人，受乐忘茕疚〔二〕。

亭亭类张盖，翼翼如层构。

日夕独徘徊，犹思一重复。

注　释

〔一〕甃，井壁也，从瓦，秋声。又如：甃甓（井壁），甃石（垒石为壁）。

〔二〕茕疚：因孤独而感到忧伤。语出《左传·哀公十六年》："茕茕余在疚。"《明史·舒芬传》："陛下三年之内当深居不出，虽释服之后，固俨然茕疚也。"

桐　径

时人羡桃李，下自成蹊径。

而我爱梧桐，亦以成乎性。

中平端隧道，还往非辽夐〔一〕。

直入无攲斜〔二〕，横延亦径挺。

月夕叶影碎，春暮花光映。

清朝蒙露湿，落日随烟暝。

不使草蔓滋，任从根裂迸。

堪谐蒋诩〔三〕徒，惟任蓬蒿盛。

〔一〕辽夐（liáoxiòng）：遥远，辽阔宽广貌，久远之意。

〔二〕欹斜（qīxié）：倾斜，歪斜。出自汉陆贾《新语·怀虑》："管仲相桓公，诎节事君，专心一意，身无境外之交，心无欹斜之虑，正其国如制天下。"

〔三〕蒋诩（前69—17年），字符卿，杜陵（今陕西西安）人，西汉朝兖州刺史，以廉直著称，后因不满王莽的专权而辞官隐退故里，闭门不出。时人谚曰："楚国二龚，不如杜陵蒋翁。"在家门前开辟三条小路，唯与高逸之士求仲、羊仲往来。后来用"三径"意指隐士的家园。

盛　度

　　盛度（970—1040年），字公量，祖籍应天府（今河南商丘），铜陵县石洞耆（今董店镇）人。幼爱读书，敏而好学，北宋祥符七年（1014年）中进士。初任济阴尉，后任尚书屯田员外郎。契丹扰犯大名（今冀、鲁、豫部分地区）时，他数次上疏朝廷，陈述戍边之策。旋奉使陕西，详览疆域，并参考汉、唐故地，绘成《西域图》，呈献宋真宗，且应答咨询如流，真宗称其博学。继入翰林为学士，任兵部郎中。后几经谪起，于景祐二年（1035年）任参加政事，景祐四年任知枢密院事。

　　盛度好学，以清廉闻名，家居罗列图籍，满门皆书。每外出回归，每当公事闲暇，即埋头读书，手不释卷。敏于为文，曾奉诏与李宗谔等一起编纂《续通典》《文苑英华》。又收集皇帝日常文书和群臣奏章，编著成《愚谷集》《银台集》《中书集》《枢中集》和《中书制集》《翰林制集》《沿韦制置敕》《庸调租赋》等。

　　后盛度任应天（今南京）知府。宝元二年（1039年）辞官归里。卒后赠太子太保，谥文肃。

题陈公学堂

曾记当年笔砚交，于今何事不同袍？

德星高耀陈公里，圣诏难宣翔凤[一]豪。

版筑无心思傅说[二]，竹林有志愧山涛[三]。

知君非是寻常客，看破功名一羽毛。

注释

〔一〕翔凤：指陈翯，字凤翔。

〔二〕傅说（fùyuè），傅氏始祖，古虞国（今山西平陆）人，生卒年不详，殷商时期著名贤臣，先秦史传为商王武丁辅臣。

〔三〕山涛（205—283年），字巨源。河内郡怀县（今河南武陟西）人。三国曹魏及西晋时期名士、政治家，"竹林七贤"之一。

第一部分　先贤咏铜官

－ 063 －

萧定基

萧定基（989—1042年），字守一，五代吴国武宁将军萧霁曾孙。天禧三年（1019年）进士。授岳州军事推官，改虔州观察推官，累迁至三司盐铁判官，极为仁宗所称。宜州蛮为寇，以定基为广西安抚使。召还，除江淮浙荆湖制置发运副使。庆历二年五月以官卒于家。

题陈公学堂

一

五松卓越一贞儒，班马〔一〕才能誉不虚。

隐隐文光腾万丈，渊渊学问富三余〔二〕。

胸罗星斗天文象，心契山川地理图。

七聘三征皆不就，优游林下乐何如。

二

养贞晦迹〔三〕马仁乡，抱德藏修〔四〕物类忘。

君命宠临光梓里，圣恩旌表耀书堂。

水流山峙胸中物，鱼跃鸢飞性分良。

祀配乡贤遵道德，后裔继世沐余光。

注释

〔一〕班，指班固，（32—92年），字孟坚，扶风安陵（今陕西咸阳东北）人，东汉著名史学家、文学家。马，指司马迁，（前145—前90年），字子长，夏阳（今陕西韩城南）人，一说龙门（今山西河津）人。中国西汉伟大的史学家、文学家、思想家。司马谈之子，任太史令，因替李陵败降之事辩解而受宫刑，后任中书令，发愤继续完成所著史籍，被后世尊称为史迁、太史公。

〔二〕三余：东汉末年，汉献帝的侍讲官董遇很有学问，被称为"儒宗"，很多书生想拜董遇为师，跟他研究学问，董遇不肯收徒，认为书本是最好的老师。"读书百遍，其义自见"，书生说没有时间，董遇教他们利用冬天、夜晚及阴雨天这三余时间读书。

〔三〕晦迹：谓隐居匿迹。唐杜甫《岳麓山道林二寺行》诗："昔遭衰世皆晦迹，今幸乐国养微躯。"《剪灯新话·鉴湖夜泛记》："仆晦迹江湖，忘形鱼鸟。"

〔四〕藏修：《礼记·学记》："君子之于学也，藏焉，修焉，息焉，游焉。"郑玄注："藏谓怀抱之；修，习也。"唐牟融《题孙君山亭》诗："长年乐道远尘氛，静筑藏修学隐沦。"明顾大典《青衫记·元白揣摩》："今日特请微之过来，撮其要旨，讲论一番，庶丽泽不虚，藏修有待。"后以"藏修"指专心学习。

包 拯

包拯（999—1062年），字希仁，庐州（今安徽合肥肥东）人，北宋名臣。天圣五年（1027年），包拯登进士第。累迁监察御史，曾建议练兵选将、充实边备。历任三司户部判官及京东、陕西、河北路转运使。后入朝担任三司户部副使，请求朝廷准许解盐通商买卖。改知谏院，多次论劾权贵。再授龙图阁直学士、河北都转运使，移知瀛、扬诸州，再召入朝，历权知开封府、权御史中丞、三司使等职。嘉祐六年（1061年），任枢密副使。因曾任天章阁待制、龙图阁直学士，故世称"包待制""包龙图"。嘉祐七年（1062年），包拯逝世。追赠礼部尚书，谥号孝肃，后世称其为"包孝肃"。有《包孝肃公奏议》传世。

包拯廉洁公正，立朝刚毅，不附权贵，铁面无私，且英明决断，敢于替百姓申不平，故有"包青天"及"包公"之名，京师有"关节不到，有阎罗包老"之语。后世将他奉为神明崇拜，认为他是文曲星转世，由于民间传其黑面形象，亦被称为"包青天"。

题陈公学堂

奉敕江东历五松，义安高节仰陈公。

赤心特为开贤路，丹诏[一]难回不仕风。

乐守畲盐[二]忘鬓白，笑谈金帛近尘红。

无拘无束清闲客，赢得芳声处处同。

注释

〔一〕诏，皇帝发出的文书；丹诏，帝王用朱笔写的诏词，语出处唐韩翃《送王光辅归青州兼寄储侍郎》诗："身着紫衣趋阙下，口衔丹诏出关东。"明高明《琵琶记·李旺回话》："我如今去朝廷上表，奏蔡氏一门孝道，管取吾皇降丹诏把他召。"

〔二〕齑盐：酸菜和盐，借指贫穷。

陈公学堂诗

不听天子宣，幽栖碧涧前。

钟鸣花寺近，肱枕〔一〕石狮眠。

禅有远公〔二〕偈，辞能靖节〔三〕篇。

一竿堪系鼎，千古见心传。

注释

〔一〕肱枕：（1）胳膊由肘到肩的部分。（2）喻强大、得力的助手。这里指狮子是卧姿。

〔二〕远公：远公就是慧远的尊称。慧远（334—416年），东晋时名僧，雁门楼烦（今山西宁武）人，他是继著名高僧道安之后的佛教首领，因其大力弘扬净土法门，被后人尊称为净土宗初祖。师从道安，慧远本姓贾，出身于仕宦家庭。他从小喜好读书，十三岁时即随其舅父令狐氏游学于许昌、洛阳一带，读了大量儒家、道家典籍。《高僧传·卷六·释慧远传》载，他"少为诸生，博综六经，尤善《老》《庄》"，致使当时的宿儒贤达莫不叹服他学识渊博。

〔三〕靖节：陶渊明谥号"靖节"。

杜　衍

杜衍（978—1057年），字世昌，北宋名臣，越州山阴（今浙江绍兴）人。大中祥符元年（1008年）进士。历仕州郡，以善辩狱闻。宋仁宗特召为御史中丞，兼判吏部流内铨，后改知审官院。庆历三年（1043年）任枢密使，次年拜同平章事，为相百日而罢，出知兖州。以太子少师致仕，封祁国公。谥正献。

陈公学堂诗

巢由〔一〕当年秉节高，首阳〔二〕叔伯亦同操。

谁知千载无媲美，却有三征不就豪。

猿鸣忘饥为伴侣，竹松对影绝尘嚣。

山中更羡多情月，一片清辉是故交。

注释

〔一〕巢由：巢父和许由的并称，相传皆为尧时隐士，尧让位于二人，皆不受。用以指隐居不仕者。

〔二〕首阳：山名。一称雷首山，相传为伯夷、叔齐采薇隐居处。《诗·唐风·采苓》："采苓采苓，首阳之颠。"毛传："首阳，山名也。"《论语·季氏》："伯夷、叔齐，饿于首阳之下，民到于今称之。"《史记·伯夷列传》："武王已平殷乱，天下宗周，而伯夷、叔齐耻之，义不食周粟，隐于首阳山，采薇而食之。"按，首阳山在今何地，旧说不一。《论语》何晏集解引汉马融曰："首阳山在河东蒲坂，华山之北，河曲之中。"蒲坂故城，在今山西省永济县南。

盛昌孙

盛昌孙，盛度之侄孙。元丰八年（1085）进士，曾任铜陵县令，官至工部侍郎。

题陈公学堂

光霁〔一〕襟怀孰敢因，浮云名利不关心。

满腔朗月惟存意，一榻清风总是春。

至乐期求黄卷〔二〕富，素飧那厌紫芝〔三〕贫。

儿孙昌祉皆叨庇，史册精灵万古闻。

注释

〔一〕光霁：（1）形容雨过天晴时万物明净的景象。（2）比喻太平清明的政治局面。（3）比喻人品高洁，胸襟开阔。

〔二〕黄卷：书籍。古人用辛味、苦味之物染纸以防蠹，纸色黄，故称"黄卷"，写错字可用雌黄涂改。

〔三〕紫芝：真菌的一种，似灵芝，菌盖半圆形，上面赤褐色，有光泽及云纹；下面淡黄色，有细孔。菌柄长，有光泽，生于山地枯树根上。可入药，性温味甘，能益精气，健筋骨。古人以为瑞草，道教以为仙草。

阜 民

阜民,南宋人。生卒年失考,事迹不详。

题太白五松书堂

江氛朝暮半晴阴,绀宇飞甍接翠岭。

手摘匏瓠曾未遍,身从鸥鹭得相寻。

千年舞袖云崖冷,几度桃花春水深。

犹有门前旧题句[一],松风万壑老龙吟。

注 释

〔一〕犹有门前旧题句:黄庭坚曾手书双墨竹诗于太白书堂。

张 勋

张勋，南宋人。生卒年失考，事迹不详。

宿护国寺[一]

乱草织斜阳，天风结晓霜。

摇鞭追马足，投宿向僧房。

望眼挥清泪，愁云罩故疆。

客帆更无数，不见祖生[二]航。

注释

〔一〕护国寺，在今顺安镇先进村。

〔二〕祖生：东晋名将祖逖，率部渡长江时中流击楫，誓复中原。所部纪律严明，得到沿途各地人民拥护，收复黄河以南地区。由于东晋内部迭起纠纷，对他不加支持，他大功未成，忧愤而死。后世诗文常用此典故，称祖逖为祖生。

陆 游

陆游（1125—1210年），字务观，号放翁，越州山阴（今绍兴）人，南宋文学家、史学家、爱国诗人。生逢北宋灭亡之际，少年时即深受家庭爱国思想的熏陶。宋高宗时，参加礼部考试，因受秦桧排斥而仕途不畅。宋孝宗即位后，赐进士出身，历任福州宁德县主簿、隆兴府通判等职，官至宝章阁待制。

陆游晚年退居家乡。创作诗歌今存九千多首，内容极为丰富。著有《剑南诗稿》《渭南文集》《南唐书》《老学庵笔记》等。

陆游长期蛰居山阴，嘉定二年（1210年）与世长辞，留绝笔《示儿》。

夜宿羊山矶将晓大雨北风甚劲俄顷行三百余里

五更颠风吹急雨，倒海翻江洗残暑。

白浪如山泼入船，家人惊怖篙师舞。

此行十里苦滞留，我亦芦丛厌鸣橹。

书生快意轻性命，十丈蒲帆百夫举。

星驰电骛三百里，坡垅联翩杂平楚。

船头风浪声愈厉，助以长笛挝鼍鼓。

岂惟滂湃震山岳，直恐颎洞连后土。

起看草木尽南靡，水鸟号鸣集洲渚。

稽首龙公谢风伯，区区未祷烦神许。

应知老去负壮心，戏遣穷途出豪语。

董嗣杲

董嗣杲，字明德，号静传，杭州（今属浙江）人。理宗景定中榷茶九江富池。度宗咸淳末知武康县。宋亡，入山为道士，字无益。嗣杲工诗，全书有《庐山集》五卷，《英溪集》一卷，《西湖百咏》二卷，（均被四库全书总目收录）并传于世。著作除《西湖百咏》二卷外，已佚。清四库馆臣据《永乐大典》辑为《庐山集》五卷、《英溪集》一卷。事见《西湖百咏》自序及本集有关诗篇，《绝妙好词笺》卷六有传。

舟上望九华山

雪残半积羊山矶，大江云涌涛头飞。

九峰不受夕晖掩，杜牧一亭空翠微。

元 代

宋 无

宋无（1260—1340年），字子虚，号晞颜，元朝苏州人。无意仕进，尝举茂才（秀才之别称），以亲老不就。工诗文。有《翠斋冷语》《翠寒砂集》。

铜陵五松山中

樵声闻远林，流水隔云深。

茅屋在何处？桃花无路寻。

身黄松上鼠，头白竹间禽。

应有仙家住，避秦来至今。

贡　奎

贡奎（1269—1329年），字仲章，号云林子，宣城（今属安徽）人。生于元世祖至元六年，卒于文宗天历二年，追封广陵郡侯，谥文靖。贡奎天资聪颖，容仪端重，勤奋好学，10岁就能写诗作文，博通经史。成年后，江浙行省聘请他为池州齐山书院山长。元成宗大德六年（1302年），贡奎担任太常奉礼郎，兼检讨，他上书谈论朝廷政事，很多建议都被采纳。大德九年（1305年），迁任翰林国史院编修。至大元年（1308年），任翰林文学，后任翰林院待制。泰定三年（1326年），任集贤直学士。贡奎在京城写的《居庸关》《夜坐》《赋牡丹》等诗篇，"尽洗宋金余习，诗学为之一变"，从此名声大振，并与当朝名士吴澄、虞集、袁桷等结下深厚的友情。

贡奎著有《云林小稿》《听雪斋记》《青山漫吟》《倦游集》《豫章稿》《上元新录》《南州纪行》等120卷。今惟存《云林集》六卷，附录一卷传于世，见《四库总目》。吴澄称贡奎的诗"温然粹然，得典雅之体"。后人评贡奎的诗格在虞集、杨维桢、范梈、揭傒斯之间，被誉为元朝诗人的"巨擘"。

铜官山

遥遥铜官山，逆水去千里。

山瘦木落衣，水涸石见底。

棹此一叶舟，观山复观水。

得山可栖身，得水可洗耳。

中有千年松，根深茯苓〔一〕美。

独鹤巢空枝，岁晚知所止。

愧我驱尘迹，去去独未已。

长歌呼谪仙，回首白云起。

（注）（释）

〔一〕茯苓：为兼性寄生菌，生长在海拔600米至1000米山区的干燥、向阳山坡上的马尾松、黄山松、赤松、云南松、黑松等树种的根际。偶见于其他针叶树及阔叶树的根部。

房芝兰

房芝兰，生卒年失考，元朝人，进士，寓居铜陵。

题梵天寺泉

云根〔一〕流出泻寒声，冷沁禅关竹树清。

气泄化胎飞宝锡〔二〕，岩开冰谷愧尘缨。

鹤林月浪秋常浸，龙海波涛夜忽惊。

分我一瓢苏旱岁〔三〕，化为霖雨泽苍生。

注释

〔一〕云根：深山云起之处。

〔二〕宝锡：喻得道高僧。

〔三〕苏旱岁：缓解旱情。

重游梵天寺

门前流水碧粼粼，禅定僧闲化复淳。

搅梦半因诗作祟，破寒全藉酒生春。

休教一切有为法，误着三生自在身。

拂袖重来经六载，梵云飞雨洗儒巾〔一〕。

注释

〔一〕儒巾：是古时读书人所戴的一种头巾。

重游兴化寺

古寺藏山麓，重游兴觉赊。

晴峦万叠转，寒涧一泓斜。

望日频悬阙，看云暂拟家。

登临将近夕，归路趁残鸦。

题顺安楼〔一〕

窗含野色入平吞，极目渔樵江上村。

流出异香花堰水〔二〕，放开老翠叶山云。

竹边僧寺鸥沙遶〔三〕，柳外人家驿路分。

挂月参天蟠地脉，门前双树几斜曛。

⊙注⊙释

〔一〕顺安楼：指临津驿站。

〔二〕花堰水：顺安镇境内杏山下，古有溪，落英飞堰。故有花堰者。

〔三〕鸥沙，鸥鸟栖息的沙洲，亦指隐者居处。宋方岳《简李桐庐》诗："鸥沙草长连江暗，蟹舍潮回带雨腥。"元马祖常《石田山居》诗之六："春天云妩媚，相对坐鸥沙。"遶（rào），同绕。

明 代

汪广洋

汪广洋（？—1379年），字朝宗，江苏高邮人。元末进士，明初政治人物、著名诗人。通经能文，尤工诗，善隶书。朱元璋称赞其"处理机要，屡献忠谋"，将他比作张良、诸葛亮。

洪武十二年（1379年），因受胡惟庸毒死刘基案牵连，被诛。

汪广洋著有《凤池吟稿》《淮南汪广洋朝宗先生凤池吟稿》。《明诗综》收其诗三十一首。

江 上

大通港口〔一〕柳如烟，簇簇人家赛辋川〔二〕。
侯吏颇谙巡逻事，插旗挝鼓送行船。

注释

〔一〕大通港口：今属铜陵市郊区大通镇。

〔二〕辋川：辋川镇位于蓝田县中部偏南，距县城15千米。这里青山逶迤，峰峦叠嶂，奇花野藤遍布幽谷，瀑布溪流随处可见。因辋河水流潺湲，波纹旋转如辋，故名辋川。

第一部分 先贤咏铜官

魏 观

　　魏观，字杞山，武昌蒲圻人，元至正二十四年（1364年），朱元璋聘其为国子监助教，后任浙东提刑、按察司金事，两淮转运使。明洪武元年（1368年），为太子讲书，兼为诸王讲经。洪武三年升太常卿、翰林侍读学士、国子祭酒。洪武五年（1372年）任苏州知府。

大通江口舍舟而涂抵繁昌纪实

扁舟畏风涛，上马遵大路。

马喜大路平，骞然欲驰惊。

手疲两足痛，纵逸恐颠仆。

呼奴执其辔[一]，控驭使徐步。

前村望烟火，稍远得农扈。

蔬笋兼可求，午膳爰不误。

少顷闻病翁，叫出蓬首妇。

妇出拜旦言，穷苦日难度。

夫远充民兵，儿小当递辅[二]。

翁病经半年，寒馁缺调护。

军需未离门，活计不成作。

荒山要收丝，荒亩要输赋。

诛求里长急，责罚官府怒。

近来点弓兵，拘贫放权富。

迫并多逃亡，苍黄互号诉。

左右三五家，春深失耕务。

纷纭下牌帖，勾捉[三]犹未杜。

所言尽真悉，俾我心骇怖。

兹行事咨询，拯恤惧迟暮。

州县嗟匪才[四]，琐屑诚可恶。

丧乱民疗深，君王重忧顾。

所以谕旨勤，赤心相托付。

民为邦之本，绥抚在完固。

胡为重刻剥，上德阻宣布。

明当抗封章，为尔除巨蝤[五]。

注 释

〔一〕辔：马的缰绳。

〔二〕递辅：指驿站。

〔三〕勾捉：逮捕，追捕。

〔四〕匪才：意指无用之才。

〔五〕蝤（qiū），即蜘蛛。这里借指贪官污吏。

佘 翘

佘翘（1567—1612年），字聿云，号燕南，铜陵县人。明代戏曲作家、诗人。其祖父佘杰，曾任湖广宝庆府新化县知县；叔父佘毅中，明万历二年进士，授工部主事，后官居正四品，诰赠太仆卿；其父佘敬中，明嘉靖三十八年进士，官至广东按察使，为正三品，与明代戏曲家汤显祖常有交往。佘翘天性聪颖，4岁即能授书成诵。幼时，其诗文曾受到汤显祖的赏识，惊称其为“小友”，并赠诗褒扬。佘翘一生著述颇丰，其中以戏剧作品《量江记》成就突出。戏曲作家冯梦龙称《量江记》为罕见珍本，能与汤显祖的《临川四梦》并立。

万历四十年（1612年），佘翘应池州知府李思恭聘请编修《池州府志》，编次未几，于同年八月病逝。

登天王山

上游锁钥控南州，暇日邀宾选胜游。
境转天王堪眺望，尊开地主有风流〔一〕。
松林涛拥江声合，萝磴寒飞暑气收。
一自岘山〔二〕留碣石，使君遗爱〔三〕足千秋。

注释

〔一〕指上苍开拓了这美好的土地，造就了许多杰出人才。

〔二〕岘山，古称霍阳山，又名铁顶山，位于玉马平湖东南，北邻汝阳恐龙遗址保护区。相传这里是真武祖师得道升仙之地，故有道教名山之称。

〔三〕使君遗爱，指王十朋曾游天王山，并留诗刻碑。

汤显祖

汤显祖（1550—1616年），中国明代戏曲家、文学家，字义仍，号海若、若士、清远道人。江西临川人。汤氏祖籍临川县云山乡，后迁居汤家山（今抚州市）。出身书香门第，早有才名，他不仅于古文诗词颇精，而且能通天文地理、医药卜筮诸书。34岁中进士，在南京先后任太常寺博士、詹事府主簿和礼部祠祭司主事。

明万历十九年（1591年），他目睹当时官僚腐败愤而上《论辅臣科臣疏》，触怒了皇帝而被贬为徐闻典史，后调任浙江遂昌县知县，一任五年，政绩斐然，却因压制豪强，触怒权贵而招致上司的非议和地方势力的反对，终于万历二十六年（1598年）愤而弃官归里。家居期间，一方面希望有"起报知遇"之日，一方面却又指望"朝廷有威风之臣，郡邑无饿虎之吏，吟咏升平，每年添一卷诗足矣"。后逐渐打消仕进之念，潜心于戏剧及诗词创作。在汤显祖多方面的成就中，以戏曲创作为最，其戏剧作品《还魂记》《紫钗记》《南柯记》和《邯郸记》合称"临川四梦"，其中《牡丹亭》是他的代表作。这些剧作不但为中国人民所喜爱，而且已传播到英、日、德、俄等很多国家，被视为世界戏剧艺术的珍品。汤氏的专著《宜黄县戏神清源师庙记》也是中国戏曲史上论述戏剧表演的一篇重要文献，对导演学起了拓荒开路的作用。汤显祖还是一位杰出的诗人，其诗作有《玉茗堂全集》4卷、《红泉逸草》1卷、《问棘邮草》2卷。

答佘聿云

山公[一]台榭即逢君，爱汝能飞字聿云[二]。

秋浦兼葭人自远，春江桃李思难分。

芳尊[三]几借清韵色，妙墨传看锦绣文。

为道碧鸡[四]光景在，汉宫[五]谁许洞箫闻。

注释

〔一〕山公，即李白。

〔二〕聿云：指佘翘。

〔三〕芳尊：精致的酒器。亦借指美酒。

〔四〕碧鸡：传说中的神物。《汉书·郊祀志下》："或言益州有金马、碧鸡之神，可醮祭而致，于是遣谏大夫王褒使持节而求之。"

〔五〕汉宫：东汉建立之后，诸制渐趋定型，为宣扬治国规范，维护统治秩序，"令人无愚智，入朝不惑"，整理和撰述汉代官制及相关礼品仪式，成为当时统治阶级的迫切需要。于是带有"汉宫"之类名称的著作应运而生，《汉宫》就是其中之一。

过铜陵

夕向燕支夹[一]，遥分白马耆[二]。

沧浪荷叶[三]点，春色凤心[四]知。

邑小无城郭[五]，人欢有岁时。

谁怜江上影，悬弄五松枝。

注释

〔一〕燕支夹：古地名，位于繁昌荻港与铜陵钟鸣交界处。

〔二〕白马耆：《铜陵县志》记载，白马耆在铜陵县东北三十里，现为顺安镇境内。

〔三〕荷叶：指荷叶洲（亦作和悦洲）。

〔四〕凤心：凤心闸，《铜陵县志》记载，在铜陵县北十五里。

〔五〕无城郭：没有城墙。

曹学佺

　　曹学佺（1574—1646年），字能始，一字尊生，号雁泽，又号石仓居士、西峰居士，福建福州府侯官县洪塘乡人。明代官员、学者、诗人、藏书家，万历二十三年（1595年）进士。清兵入闽，自缢殉节。曹学佺藏书万卷，著书千卷。毕生好学，对文学、地理、天文、禅理、音律、诸子百家等都有研究，尤其工于诗词。精通音律，擅长度曲，曾谱写闽剧的主要腔调逗腔，被认为是闽剧始祖之一。名联"仗义每从屠狗辈，负心多是读书人"就出自曹学佺之手。

铜 陵

　　　　杏叶〔一〕山崩堰，梅根渚〔二〕少烟。

　　　　为鱼从古叹〔三〕，置冶迄今传。

　　　　大小牛栏固〔四〕，东西鹊岸〔五〕连。

　　　　五松山下媪，能醉李青莲。

注释

　　〔一〕杏叶：指铜陵杏山、叶山。

　　〔二〕梅根渚：梅根河中旋流萦绕的洲渚。在今安徽贵池市东北四十里梅龙镇。齐武帝诗"昔经樊邓役，阻潮梅根渚"即指此。

　　〔三〕为鱼句：称颂铜陵是鱼米之乡。

　　〔四〕大小牛栏固：铜陵东南五十里有金牛洞，传说有金牛出没，乡民设栅拦之。意为铜陵是块宝地。

　　〔五〕鹊岸：铜陵县北十里有鹊头山，与无为江段江心洲（古名"鹊洲"），遥遥相对。《左传·昭公五年》："楚子以诸侯及东夷伐吴……吴人败诸鹊岸。"

罗 伦

罗伦（1431—1478年），明代理学家、状元，字应魁，一字彝正，号一峰，吉安永丰（今属江西）人。家贫好学。成化二年进士第一，授翰林院修撰，抗疏论李贤起复落职，谪泉州市舶司提举，次年复官改南京，居二年，以疾辞归，隐于金牛山，钻研经学，开门教授，从学者甚众。学术上笃守宋儒为学之途径，重修身持己，尤以经学为务。为文有刚毅之气，诗作磊落不凡，著有《一峰集》等。

铜陵江上对月

脉脉铜陵水，迢迢玉镜〔一〕飞。

相随千里外，还到故园扉。

夜静虚清鉴，风微荡绿辉。

此心如仿佛，圆缺不相违。

注释

〔一〕玉镜：指月亮。

李宗泗

　　李宗泗，字希颜，昆明人，出生于仕宦之家，性情豁达，聪颖有智略。幼年随着父亲的官职变迁，入了四川彭山籍。明成化十七年（1481）考中进士，十九年任池州府推官（正七品，帮助知府处理刑事案件），越四年即成化二十三年（1487年），因精明能干，工作出色，调回京师任御史。在御史任上，常上疏本，极力推崇儒学是治国之本，又建议朝廷加强边疆商贸管理，繁荣物资贸易，得到弘治皇帝赏识。弘治四年（1491年）迁升广西道御史。这里有朝廷养马场，是官用马的供给地，但管理十分混乱，管马场的官吏经常以高价出售马匹，从中贪污经费。李宗泗深入马场，调查养马及管理实情，正本清源，对贪污经费的官吏一一予以惩处，使马场的管理井井有条。后升江西按察司副使。后因劳累过度，死于任上。享年五十七岁。

夜月乘舟

一幅蒲帆〔一〕挂月明，清风吹动水云轻。
江寒远岸燃渔火，天静疏钟〔二〕傍客程。
沙软不惊鸥梦稳，林虚偏应鹤声清。
更须载酒携琴去，寻见梅花便结盟。

注释

〔一〕蒲帆：用蒲草织成的船帆。
〔二〕疏钟：稀疏的钟声。引申意为：遥远而长久的回应。

大通江上

双桨摇冲下大通，隔林烟火隔溪钟。

笙簧鸟雀清还浊，水墨江山淡更浓。

沽酒有村垂柳锁，采樵无路落花封。

胸中不用吞云梦[一]，一览烟波几万重。

注释

〔一〕云梦：（1）指云梦泽，又称云梦大泽，中国湖北省江汉平原上的古代湖泊群的总称。（2）借指古代楚地。唐·陆龟蒙《庆封宅古井行》："一朝云梦围兵至，胸陷锋铓脑涂地。"

阻风宿丁家洲

三朝淫雨两朝风，夜泊芦花小港中。

似案远山浑碍月，如船高浪欲平空。

霜侵杨柳萧疏绿，水暗芙蕖[一]寂寞红。

人倚蓬窗[二]秋满眼，酒怀诗兴两争雄。

注释

〔一〕芙蕖：荷花的别称。

〔二〕蓬窗：船窗。

石门道中

一

斜日行村落，秋风度野桥。

流泉通石眼[一]，细路转山腰。

洞小云生薄，岩高月上遥。

碧潭清可掬，分半洗诗瓢〔二〕。

二

百转羊肠度石门，白云浮动小桥浑。

青山乱点东西岸，黄叶孤飞远近村。

洗药人分秋水净，凉茶僧就夕阳暄。

何须问酒东林社〔三〕，明月清风当一樽。

注 释

〔一〕石眼：石缝、石孔。

〔二〕诗瓢：贮放诗稿的器具。宋计有功《唐诗纪事》："球居蜀之味江山，方外之士也。为诗捻稿为圆，纳入大瓢中。后卧病，投于江，曰：'斯文苟不沉没，得者方知吾苦心尔。'至新渠，有识者曰：'唐山人瓢也。'"

〔三〕东林社又名"白莲社"，社结庐山，结社中莲。谢灵运，祖玄有功晋室。灵运为康乐公主孙，袭封康乐公，文章为江左第一。尝着木屐，上山则去前齿，下山则去后齿。寻山陟岭，必造幽峻。至庐山，一见远公，肃然心伏，乃即寺筑台翻《涅槃经》。凿池植白莲，时远公诸贤同修净土之业，因号白莲社。灵运尝求入社，远公以其心杂而止之。

王守仁

王守仁（1472—1529年），幼名云，字伯安，别号阳明。浙江绍兴府余姚县（今属宁波余姚）人，因曾筑室于会稽山阳明洞，自号阳明子，学者称之为阳明先生。明代著名的思想家、文学家、哲学家和军事家，陆王心学之集大成者，精通儒家、道家、佛家。弘治十二年（1499年）进士，历任刑部主事、贵州龙场驿丞、庐陵知县、右佥都御史、南赣巡抚、两广总督等职，晚年官至南京兵部尚书、都察院左都御史。因平定宸濠之乱而被封为新建伯，隆庆年间追赠新建侯。谥文成，故后人又称王文成公。王守仁（心学集大成者）与孔子（儒学创始人）、孟子（儒学集大成者）、朱熹（理学集大成者）并称为孔、孟、朱、王。王守仁的学说思想王学（阳明学），是明代影响最大的哲学思想。其学术思想传至日本、朝鲜半岛以及东南亚，立德、立言于一身，成就冠绝有明一代。弟子极众，世称姚江学派。其文章博大昌达，行墨间有俊爽之气。有《王文成公全书》。

泊舟大通

扁舟经月住林隈[一]，谢得黄莺日日来。
兼有清泉堪洗耳，更多修竹好衔杯。
诸生涉水携诗卷，童子和云扫石苔。
独奈华峰隔烟雾，时劳策杖上崔嵬[二]。

〔一〕林隈：林木曲深之处。南朝梁文帝《玄圃寒夕》诗："曛烟生涧曲，暗色起林隈。"清唐孙华《与伯兄同访双凤旧居有感》诗："刘家桥畔认林隈，环堵依然锁碧苔。"

〔二〕策杖上崔嵬：拄拐杖上高山。

过铜陵观铁船

青山滚滚如奔涛，铁船何处来停桡？

人间刓木宁有此，疑是仙人之所操。

仙人一去几千载，山头日日长风号。

船头出土尚仿佛，后岗有石云船艄。

我行过此徒忖度，昔人用心无已怊〔一〕。

从来风波平地恶，纵有铁船还未牢。

秦鞭〔二〕驱之不能动，鼻力〔三〕何以施其篙。

我欲乘之访蓬岛，雷师鼓柁虹为缫。

弱流万里不能芥〔四〕，复恐驾此成徒劳。

世路难行每如此，独立斜阳首重搔〔五〕。

〔一〕怊：（1）忧愁，忧伤。"少伶俜而偏孤兮，痛怊怛以摧心。"——潘岳《寡妇赋》。又如：怊怊（忧心忡忡的样子）；怊怛（忧伤，悲痛）。（2）啰唆，唠叨。如：怊咄（啰唆）

〔二〕秦鞭同"秦王鞭石"。明陈子龙《燕中秋感》诗之四："汉将何年过渤海，秦鞭无计渡营州。"

〔三〕鼻（ào）：（1）傲慢或矫健有力。（2）传说夏代寒浞（zhuó）的儿子。此处指力大，并能陆地行舟。

〔四〕芥：小草，喻轻微纤细的事物。这里是指舟。《庄子·逍遥游》："覆杯水于坳堂之上，则芥为之舟，置杯焉则胶，水浅而舟大也。"陆德明释文："芥，小草也。"后以"芥舟"比喻小舟。唐太宗《小池赋》："牵狭镜分数寻，泛芥舟而已沉。"

〔五〕首重搔：重新思考问题。

何石山招游燕子洞

石山招我到山中，洞外烟浮湿翠浓。

我向岸崖寻古句，六朝〔一〕遗事寄松风。

注释

〔一〕六朝：六朝古都金陵城从三国的吴国开始近400年间，连续有六个朝代（东吴、东晋、宋、齐、梁、陈）在南京建都，后人称南京为"六朝古都"，此外，南唐、明（洪武）、太平天国以及国民党政府也曾建都于此，因此，历史上盛称南陵为"六朝胜地、十代都会"。

龚鼎孳

龚鼎孳（1616—1673年），字孝升，因出生时庭院中紫芝正开，故号芝麓，安徽合肥人。明末清初诗人、文学家，与吴伟业、钱谦益并称为"江左三大家"。

龚鼎孳于明崇祯七年（1634年）中进士，官兵科给事中。在明朝任职期间前后弹劾周延儒、陈演、王应熊、陈新甲、吕大器等权臣。崇祯十七年（1644年）李自成攻陷北京后，为直指使。清军入京后，迎降，迁太常寺少卿，后累官礼部尚书。龚鼎孳在职期间，常能保护善类，扶掖人才，颇得人心。

铜陵道中乘风急渡

断岸〔一〕绿江曲，鸣沙〔二〕激浪崩。

斗蛟疑石峡，使马下铜陵。

路入乡心疾，山连午翠蒸〔三〕。

楼船王浚日，风利想奔腾。

注 释

〔一〕断岸：江边绝壁。南朝宋鲍照《芜城赋》："崒若断岸，矗似长云。"宋苏轼《后赤壁赋》："江流有声，断岸千尺。"明袁可立《甲子仲夏登署中楼观海市》："村落敷洲渚，断岸驾长虹。"清曹寅《北行杂诗》之二十："野风吹侧帽，断岸始登高。"

〔二〕鸣沙：江涛拍打江岸发出的声音。

〔三〕午翠蒸：正午，烈日烤灼着山中的草木，散发出熏人的热浪。

陶 琰

陶琰（1449—1532 年），字廷信，别号逸庵，绛州城内陶家巷人，明英宗正统十四年（1449 年）出生。少时聪敏好学，过目成诵。明宪宗成化七年（1471 年）乡荐第一。

紫沙洲

风歇日东下，相将向水隈〔一〕。
门随江岸转，市趋晚舟开。
岁事惟收菽，人家却放梅〔二〕。
窘途多异景，长夜且衔杯。

注 释

〔一〕相将，即行将。水隈，即江湾。

〔二〕放梅：梅天雨水多，农家搁置农活。俗云："雨天种地，不如看戏。"

徐一科

徐一科，生卒年失考，字伦盈，江西弋阳人，举人，明万历三十九年（1611年）任铜陵知县。据乾隆《铜陵县志》记载，他任知县期间，能谨恭职守，为百姓谋利益。万历四十一年（1613年），铜陵涨水，堤圩尽溃，他率民筑堤埂八十余里，保障了民众安全，铜陵百姓感激他的德行，将他筑的埂称为"徐公堤"，并立有"徐公堤碑"。徐一科在铜陵任期内，留下多首诗作。

东西湖

波光荡漾欲浮空，幸得依回俗念融。

风送荷香襟带〔一〕满，正堪乘兴弄丝桐〔二〕。

注释

〔一〕襟带：衣襟和腰带。《后汉书·蔡邕传》："邕性笃孝，母常滞病三年，邕自非寒暑节变，未尝解襟带，不寝寐者七旬。"

〔二〕丝桐：（1）指琴。古人削桐为琴，练丝为弦，故称。（2）指乐曲。

天门山

曲曲纡回鸟道〔一〕开，扶疏古树衣苍苔。

芳菲烂漫中何有，且向山中归去来。

注释

〔一〕鸟道：形容山路险峻。

陶 安

陶安（1312—1368年），字主敬，当涂（今属安徽）人。少敏悟，尤长于《易》，对明朝建国之初的典章制度建设有重要贡献。

过铜陵

一

县治无城堵，坡陀〔一〕枕水滨。

铜坑〔二〕容凿矿，炭户晓担薪。

兵后〔三〕姜牙少，岩深竹箭新。

沙溪浮石子，嘎嘎履声频。

二

石塔〔四〕深巢鸟，砖街曲类蛇。

平山立烽堠〔五〕，小巷隐渔槎〔六〕。

田废多生荻，池湮〔七〕不沤麻。

独存胡鬼殿〔八〕，未有县官衙。

三

季世〔九〕轻边备，奸臣岂将才。

妖金〔一〇〕声动地，炎火冷如灰。

营垒已陈迹，山川犹壮哉。

水流呜咽处，过客每兴哀。

注 释

〔一〕坡陀：（1）山势起伏貌。（2）不平坦。唐韩愈《记梦》诗："石坛坡陀可坐卧，我手承颜肘拄座。"（3）山；山坡。

〔二〕铜坑：采铜的矿井。

〔三〕兵后：战争之后。

〔四〕石塔：古代铜陵县城内的塔。

〔五〕烽：（1）古代边防报警的烟火；（2）喻战争或战乱。堠（hòu）：古代瞭望敌情的土堡，亦指探测敌情的士兵。

〔六〕渔槎：小渔船。槎，即小船。

〔七〕池，即沤麻的水池。湮，埋没、淤塞。

〔八〕胡鬼殿：指元人统治时所建的社祠。

〔九〕季世：末代，衰败时期。

〔一○〕妖金：指（打制）刀剑。典出《庄子·大宗师》："今之大冶铸金，金踊跃曰：'我且必为镆铘。'大冶必以为不祥之金。"

羊山矶

东岸矶头拥赤霞，西边洲渚老蒹葭。

江流盘束如衣带，水急船迟日又斜。

佘敬中

佘敬中（1526—1606年），字子惺，号内斋，铜陵县人，嘉靖三十八年（1559年）进士。初授武昌推官，屡决疑狱，号称神明。后升任吏部主事、广西参政、广东按察使。系戏剧家佘翘之父。

黄明府邀登新城

斯民再睹颍川黄[一]，小试经纶奠一方。

铁舸千年成砥柱，铜官百里壮金汤[二]。

虚凭楼阁遥瞻斗，险据江关静望洋。

盛世千城劳侧席，即看飞诏[三]首循良[四]。

注释

〔一〕颍川黄：黄明府。

〔二〕金汤：谓城池。

〔三〕飞诏：皇帝诏见。

〔四〕循良：（1）谓官吏奉公守法。唐李邕《唐赠太子少保刘知柔神道碑》："出膺贤守，则郡国循良。"孙中山《孙文学说·不知亦能行》："官吏不过为人民之仆，当受人民之监督制裁也。其循良者，吾民当任用之；其酷劣者，当淘汰之。"（2）指循良的官吏。唐柳宗元《柳州谢上表》："常以万邦共理，必藉于循良。"清朱彝尊《送张夫子巡抚山东》诗之一："循良久数张京兆，副相依然汉上公。"（3）善良。元刘祁《归潜志》卷七："富家中亦有循良懦弱者，乌可执一哉？"

熊明府新启东门城楼

楼厂〔一〕清秋万障开，门闉〔二〕沉复倚东隈。

凭虚〔三〕回落云间雁，兴剧〔四〕还倾月下杯。

鳌首〔五〕峰高标地胜，龙津派泻自天来。

黄花丹叶浑如锦，绝胜河阳〔六〕表异才。

（注）（释）

〔一〕楼厂：楼房宽敞。

〔二〕门闉：（1）城防工事的门；（2）：瓮城的重门。

〔三〕凭虚：凭眺天空。

〔四〕兴剧：兴致极高。

〔五〕鳌首：指鳌山，即今钟鸣镇境内鲶鱼山。

〔六〕河阳：（1）黄河北岸。南朝梁江淹《别赋》："君居淄右，妾家河阳。"元袁桷《清明》诗："河南禁酒河阳饮，醉醒相看总有情。"（2）晋潘岳曾任河阳县令，后多以"河阳"指称潘岳。唐·王维《为人祭李舍人文》："名高江夏之童，貌夺河阳之美。"宋苏辙《寄题江涣长官南园茅斋》诗："河阳罢后成南圃，彭泽归来卧北窗。"

江上望五松

江上望五松，松明郁偃盖。

铁干蟠苍虬，日月常暗暧。

灵根何处来，疑是天帝赉〔一〕。

中有神物护，斧斤能远害？

夜静山月悬，笙竽发天籁。

回焱〔二〕倏飕飕，飞涛惊野外。

堉堁〔三〕巢鹳鹤，点缀开图绘。

轮困[四]庇下土，云锁甘澍霈[五]。

讵袭[六]嬴氏[七]封，功施尤为大。

谪仙舞袖回，长啸凭酒酹。

坡老[八]落征帆，拂翠临清籁。

胜游迹虽陈，瑶篇传炙脍[九]。

余昔策款段[一〇]，班荆聱翁会。

绿雪洒川原，青霭滴襟带。

坚贞缔金石，朴速薄萧艾。

另尔十余稔，今得旋尘斾[一一]。

不改岁寒姿，怜余情蔼蔼。

藐兹[一二]多病身，声华颇自别[一三]。

愿言餐参苓[一四]，长生胥[一五]此赖。

(注)(释)

〔一〕赍：（1）怀抱着，带着，如赍志而没（志未遂而死去）。（2）把东西送给别人，如赍发（资助），赍赏；赍盗粮（把粮食送给盗贼，喻帮助敌人做坏事）。（3）旅行的人携带衣食等物："行者赍，居者送"。这里谓皇帝赏赐。

〔二〕焱，火花，火焰也。焱，亦同飙，疾风也。

〔三〕堉埕：（qìzhí），连接、重叠之意。

〔四〕轮囷：囷（qūn）：（1）盘曲貌。《文选·邹阳〈狱中上书自明〉》："蟠木根柢，轮囷离奇。"李善注引张晏曰："轮囷离奇，委曲盘戾也。"（2）硕大貌。汉郑玄注："轮，轮囷，言高大。"

〔五〕甘，即甘霖；澍，及时雨也；霈，充沛。

〔六〕讵（jù），岂，怎，如讵料、讵知。

〔七〕嬴氏：指秦始皇。

〔八〕坡老：尊称苏东坡。

〔九〕炙脍：美好的诗篇脍炙人口。

〔一〇〕叚：借也。（1）借。（2）虚假，非真。

〔一一〕旋尘斾：旋，凯旋。尘斾，带有尘土的旌旗，形容风尘仆仆地回归故里。

〔一二〕藐：微小，指一个人的身躯和力量是微不足道的。兹：这，这个。

〔一三〕别：自行消失。

〔一四〕参苓：人参和茯苓。

〔一五〕胥：皆之意。

崇福寺

几载乡关梦寐情，清风今送五松声。

万竿修竹尘踪远，半壁斜阳刹影〔一〕倾。

檐落诸天青霭合，庭空双树紫烟生。

疏庸〔二〕尽是头陀味，到处丛林好结盟。

注 释

〔一〕刹影：夕阳映照寺庙的影子。

〔二〕疏庸：疏懒，懒散。

观铁船韵

长江喷雪〔一〕驶泱涛，烟水不断江上桡。

五松山麓邻江渚，铁船来自何人操。

传是江州仙骨守〔二〕，拂衣羽化〔三〕民啼号。

飘然远驾周八极〔四〕，白云遥挂五松梢。

铜官〔五〕永作栖灵阜，铜陵从此免烦忉〔六〕。

铁船砥柱千年镇，苔藓不上弥坚牢。

蓬莱几度清浅水，神功岂藉凡人篙。

嗟余夙慕龙伯国[七]，坐此欲垂百尺纶。

世途汩泊[八]皆尘海，且憩松根听伯劳[九]。

凭谁拯济苍生遍，风前短发空频搔。

（注）（释）

〔一〕喷雪：白浪汹涌或水花飞溅。

〔二〕江州仙骨守：据历代铜陵县志载，灵佑王姓张名宽，本是晋时浔阳太守。其为官清廉，为政贤明，某年乘铁船来到铜陵，溺水而死，死后为神。一夕乘铁船至，为人所见，船遂溺，而首尾露焉。

〔三〕羽化：古代修道士修炼到极致。

〔四〕周，即周游。八极，八方极远之地。唐·李白《大鹏赋》："余昔于江陵见天台司马子微，谓余有仙风道骨，可与神游八极之表。"

〔五〕铜官：铜官山。

〔六〕免烦忉：免除了忧虑和烦恼。

〔七〕龙伯国是古代汉族神话传说中的大人国，有龙伯巨人钓鳌鱼的传说。

〔八〕汩泊：（1）水流的样子。汩流（急流）。汩汩（水流动的声音或样子）。（2）治理，疏通。（3）扰乱。"天公岂物欺，若此汩时序"。（4）涌出的泉水。（5）沉没。

〔九〕伯劳：伯劳鸟。

王世贞

王世贞（1526—1590年），生于嘉靖五年十一月初五，卒于万历十八年十一月二十七日，字元美，号凤洲，又号弇州山人，明代南直隶苏州府太仓州人。

王世贞十七岁中秀才，十八岁中举人，二十二岁中进士，先后任职大理寺左寺、刑部员外郎和郎中、山东按察副使青州兵备使、浙江左参政、山西按察使，万历时期出任过湖广按察使、广西右布政使，郧阳巡抚，后因恶张居正被罢归故里，张居正死后，王世贞起复为应天府尹、南京兵部侍郎，累官至南京刑部尚书，卒赠太子少保。

王世贞与李攀龙、徐中行、梁有誉、宗臣、谢榛、吴国伦合称"后七子"。李攀龙死后，王世贞独领文坛二十年，著有《弇州山人四部稿》《弇山堂别集》《嘉靖以来首辅传》《觚不觚录》等。

病中过铜陵遇雨

江馆能收望〔一〕，渔矶亦罢罾〔二〕。
谁怜伏枕客〔三〕，风雨过铜陵。

注释

〔一〕收望：收起酒帘。望，酒店的招子，即酒帘。

〔二〕渔矶，江边捕鱼的岩石。罾，一种带有撑竿的渔网。罢，即收工休息。

〔三〕伏枕客：作者卧病船中。

顾元镜

顾元镜，字初七，号明静先生，浙江吴兴人。万历进士，官至布政使。崇祯间莅湖广任，曾任池州知府，庚寅（1650年）卒于韶州。

早过铜陵

风涛不可渡，舍楫^{〔一〕}事车征。

路入荆榛^{〔二〕}僻，山从雾霭明。

弹城^{〔三〕}新入望，钦监^{〔四〕}旧知名。

去去频回首，逢人欲省耕。

注释

〔一〕舍楫即弃船登岸乘车而行。

〔二〕荆榛：这里是指丛生的灌木。用以形容荒芜情景。本作"荆棒"。三国魏曹植《归思赋》："城邑寂以空虚，草木秽而荆棒。"唐李白《古风》之一："王风委蔓草，战国多荆棒。"金元好问《续小娘歌》之七："伤心此日河平路，千里荆棒不见人。"

〔三〕弹城：弹丸之城，形容城小。

〔四〕钦监：古代在铜陵设置的管理冶铜业的机构。

郑允升

郑允升，生卒年失考。广东澄海（今广东澄海）人。举人。明崇祯十二年（1639年）任铜陵知县。崇祯十七年（1644年）主修《铜陵县志》。

无 题

偶伴〔一〕铜官食，踌躇煮火〔二〕还。

勿将丹灶〔三〕改，辜负五松山。

（注）（释）

〔一〕偶伴句：古代对不称职的人称为偶伴。这里是作者自谦。

〔二〕煮火：煮石。

〔三〕丹灶：道人炼丹的炉灶。

五松山

不复五松旧，村间失所欢。

麦禾经岁尽，垒釜〔一〕闭春寒。

估卖穿芦簟〔二〕，难存托菜盘。

纵然漂母在，无计觅壶餐。

（注）（释）

〔一〕垒釜：釜，锅也。意为垒锅灶烧热汤解寒。

〔二〕芦簟（diàn）：竹子。

铜官山保胜侯庙

庙食铜官古，濯灵〔一〕铁水边。

勋犹垂往牒〔二〕，封敕下诸天。

尚映九华碧，仍浮千树烟。

维新今有待，檀樾〔三〕共油然。

注释

〔一〕濯：（1）洗。（2）盛大。《清史稿》：颂声灵，赫而濯。（3）形容山无草木，光秃秃的。（4）洗除罪恶。这里是指盛大的保胜侯庙立于铜陵江边。

〔二〕勋犹垂往牒：勋，功勋。牒，文牒。谓之功勋已记入史册。

〔三〕檀樾：佛教名词，是梵文的音译，意思：施主，是寺院僧人对于给予他们施舍的人士的尊称。

铁　船

几从役役〔一〕向江涛，此日凫迹〔二〕会铁桡。

费尽衣祂还大冶，旁人错拟长年操。

长年习水虽无恤，偶值石尤〔三〕亦叫号。

除是仙人乘来往，"慈航"两字揭于梢。

鼋鼍〔四〕敛迹樯维静，渔父沧浪未怛忉。

毕竟济川何用铁，聊将铁样写其牢。

雷师电母年千亿，石笠云蓑水一篙。

中间好挂王乔舄〔五〕，槛外时间单父绦。

尚恨无能金作点〔六〕，朝朝邪许〔七〕独心劳。

顾瞻前哲南车在，逐浪徘徊首自搔。

（注）（释）

〔一〕役役：（1）劳苦不息貌。《庄子·齐物论》："终身役役，而不见其成功。"宋梅尧臣《依韵奉和永叔感兴》之四："秋虫至微物，役役网自织。"（2）奔走钻营貌。唐韩愈《上考功崔虞部书》："得一名，获一利，则弃其业而役役于持权者之门。"（3）狡黠貌。《庄子·胠箧》："舍夫种种之民，而悦夫役役之佞；释夫恬淡无为，而悦夫啍啍之意。"这里是形容劳苦不息

〔二〕凫，鸟也。孙松涛《观古鱼凫城》诗："野寺依修竹，鱼凫迹半存。"桡，其一意为船桨。五代十国后蜀·欧阳炯《南乡子·画舸停桡词》："画舸停桡，槿花林外竹横桥。""凫迹会铁桡"大意为"水鸟栖息在港湾小船的桨上"。

〔三〕石尤：传说古代有商人尤某娶石氏女，情好甚笃。尤远行不归，石氏思念成疾，临死叹曰："吾恨不能阻其行，以至于此。今凡有商旅远行，吾当作大风为天下妇人阻之。"

〔四〕鼋鼍（yuántuó）：汉族神话传说中指巨鳖和猪婆龙（扬子鳄）。《国语·晋语九》："鼋鼍鱼鳖，莫不能化。"宋王安石《金山寺》诗："扣栏出鼋鼍，幽姿可时睹。"清孙枝蔚《金山》诗之一："僧老鼋鼍大，钟残鼓角哀。"

〔五〕舄（xì）：鞋。

王乔，河东人。显宗时做了叶县县令。王乔有神仙之术，每月初一、十五，常从叶县到朝廷禁省朝见皇上。皇帝看他来得很快，但未见到他的车马，很觉奇怪，便秘密叫太史侦察伺望他的行踪。太史报告说，王乔到来时，常有两只水鸟从东南飞来。于是皇上叫人张开罗网，捕捉水鸟，只得到一只鞋。

〔六〕金作点：出自成语"点石成金"。

〔七〕邪许：劳动时，众多人齐用力时的呼喊声"今夫举大木者，前呼邪许，后亦应之。"

刘　涣

刘涣，生卒年失考。明代学者，湖广江陵（今湖北江陵）人。成化十七年（1481年）进士，次年奉朝迁之命来铜陵精山（位于县治东二十里）监造都御史胡本惠墓。

游铜官山

一

铜官山畔试登临，古木丛篁一径深。

惊鸟引雏飞别树，轻烟和雨过前林。

撩人好景从头记，遣兴新诗信口吟。

几度欲归犹缱绻〔一〕，更寻清涧涤烦襟。

二

载酒登山兴未阑，俄惊〔二〕石燕拂云端。

仆夫急语催归路，宾客相看即据鞍。

千载佳期应不偶〔三〕，一朝聚乐便为难。

遥知归到行台〔四〕后，吟向清风竹数竿。

注释

〔一〕缱绻：情意缠绵，难舍难分的样子。

〔二〕俄惊：惊讶。

〔三〕应不偶：千载难逢的机遇。

〔四〕行台：魏晋至金代尚书台（省）临时在外设置的分支机构。"台"指在中央的尚书省，出征时于其驻扎之地设立临时性机构称为行台，又称行尚书台或行台省。

杨　泰

杨泰，生卒年失考。字国昌，宝庆府（今湖南邵阳）人，明弘治二年（1489年）任铜陵教谕。

铜官次韵

一

官山此日喜重临，叨从轺车〔一〕兴转深。

流水小桥通竹径，白云青屿〔二〕间松林。

山花似向人饶笑〔三〕，野鸟如留客醉吟。

坐久忽惊风雨过，飘飘凉思〔四〕满衣襟。

二

好山看尽更凭栏，欲挽诗情上笔端。

凉雨有如留使节，夕阳无奈促归鞍。

人生行乐百年少，尘世相逢一笑难。

何日重来舒逸兴，留题遍刻竹千竿。

注释

〔一〕叨从轺车：叨从，自谦不能胜任。轺车，一马驾之轻便车。《释名·释车》："轺车，轺，遥也，远也；四向远望之车也。"

〔二〕青屿：屿，岛也。指山被云雾环绕，其峰如岛。

〔三〕饶笑：笑容可掬。

〔四〕凉思：凄凉的思绪。唐李贺《昌谷诗》："鸿珑数铃响，羁臣发凉思。"

铜陵八景

天王富览 [一]

剧爱天王景色嘉，凭高拭眼见天涯。

水声东注从三峡，山势南来自九华 [二]。

远浦茫茫舟上下，隔淮 [三] 漠漠树交加。

五云 [四] 翘首京畿近，虎踞龙蟠 [五] 入望赊。

注释

〔一〕天王富览：立于山巅可饱览江景。天王，即天王山，在铜陵市义安区五松镇境内笠帽山边。

〔二〕九华：在今安徽省青阳县境内。

〔三〕隔淮：隔江，江对岸。

〔四〕五云：五色瑞云。

〔五〕虎踞龙蟠：形容地势雄壮险要。

五松胜游 [一]

铜官山水最清幽，太白当年乐胜游。

诗美常君 [二] 同啸咏，饭惭荀媪独淹留。

书堂 [三] 高爽凌霄汉，文采光芒射斗牛。

舞袖一回千岁后，五松拂尽水东流。

注释

〔一〕五松即五松山，在今铜陵市天井湖公园。

〔二〕常君：指常赞府。

〔三〕书堂：指五松山太白书堂。

石耳[一]云根

石耳双峰峻欲飞，兴云翕歙妙天机。

空中未睹成苍狗[二]，顶上先看冒白衣。

有意从龙为雨去，无心伴鹤放晴归。

作霖更喜苏枯槁，多少瞳氓[三]望解围。

注 释

〔一〕石耳：石耳峰，即今铜陵市笔架山。

〔二〕苍狗：天狗。古代以为不祥之物。有传说"天狗食月"。唐杜甫《可叹》诗曰："天上浮云似白衣，斯须改变如苍狗。"后用以比喻世事变幻无常。

〔三〕瞳氓：指耕田的农民。

曹韩沙谶[一]

沙涌曹韩咀若圆，状元有兆出来年。

管教策向墀[二]前对，拱听胪[三]从天上传。

梦感主司曾有应，歌谣城市岂无缘。

铜官文运时当转，寄语江神为斡旋。

注 释

〔一〕曹韩沙谶：今铜陵市义安区老洲乡。

〔二〕墀（chí）：台阶上的空地，亦指台阶。丹墀（用红漆涂的台阶）。

〔三〕胪：(1)传语，陈述。胪言（传言）。胪心（陈述心情）。胪唱（科举时代进士殿试后，按甲第唱名传呼召见。亦称"传胪"）。(2)陈列。

铜阜栖灵[一]

九华挺秀萃铜宫，永奠神祠岂等闲。

报祀礼文[二]同岳渎，栖灵形胜异尘寰。

四方效慕祈神祝，历代加封揭庙颜。

为国福民端不爽[三]，英名千古重如山。

注释

〔一〕铜阜栖灵：指铜陵露采矿区内原灵佑王庙，1958 年被拆。

〔二〕报祀，即祭祀。礼文，礼节仪式之文。

〔三〕端不爽：果然没有差错。

铁船遗迹[一]

作郡浔阳[二]竟拂衣，铁船稳驾仗灵威。

开头不向淮西去，捩舵偏从江左归。

可是垂休[三]依庙食，故将遗迹露神机。

摩挲千古终难泯，过客无劳问是非。

注释

〔一〕铁船遗迹：铜陵古迹之一，为古代铜陵八景之一。

〔二〕作郡，指担任一郡长官，治理地方。宋陆游《老学庵笔记》
卷三："岑参在西安幕府，诗云：'那知故园月，也到铁关西。'韦应物
作郡时，亦有诗云：'宁知故园月，今夕在西楼。'"浔阳，今江西省
九江市的古称。

〔三〕垂休：垂休选自唐元稹《辨日旁瑞气状》，垂休即显示祥瑞、
降福。

禅寺[一]晓钟

鸡鸣古刹欲平明，响振蒲牢百八声。

惊走上方[二]僧出定，敲醒下界[三]客趋程。

风飘逸韵催残月，霜肃洪音报晓晴。

只叹纷纷尘代里[四]，何人起听不关情。

（注）（释）

〔一〕禅寺：指崇福寺，在古铜陵县城西，今圮。

〔二〕上方：形容境如仙界。

〔三〕下界：指人间。

〔四〕尘代里：在世俗中。

县河[一]晚泊

烟暝江天夕照残，舟帆上下泊河湾。

微茫渔火依星灿，迤逦征帆带月还。

两岸潮平波浪息，一川风静水云闲。

更无犬吠惊乡梦，稳卧船窗夜不关。

（注）（释）

〔一〕县河即玉带河。

董应扬

董应扬，生卒年失考，约明毅宗崇祯末前后在世，字于廷，江苏武进（今江苏武进县）人，官至翰林院待诏。万历四十七年（1619年）任铜陵教谕。应扬工诗，著有《簧中草》一卷，《蜀中草》一卷。

铜陵十景

天王富览

九子〔一〕三江景色嘉，迴环此地望靡涯。

山圆树影藏王殿〔二〕，石现金身转法华〔三〕。

极目远洲帆隐见，放歌空谷响交加。

寒毵寂寞无情思，每到徘徊趣味赊。

注释

〔一〕九子：九华山。

〔二〕王殿：天王山护法寺。

〔三〕法华：佛经《妙法莲华经》的简称。

五松胜游

涛飞五松韵清悠，曾此青莲恣咏游。

胜地有灵垂不朽，遗祠何事邈难留。

只今莽苍悲烟雾，忆昔光芒射斗牛〔一〕。

剩有长松非故物，骚人旋马吊风流。

〔一〕射斗牛：宝剑光芒直射到牛宿和斗宿二星。这里指李白文章光彩夺目。

石耳云根

西顾峦层两欲飞，真人指点示先机。

修然突兀石为质，倏尔〔一〕掀翻云作衣。

耕叟遥瞻披笠住，行人瞥风趣装归。

应知巨迹留闻性，听取甘霖需九围。

注 释

〔一〕倏尔：极快地，忽然，常形容时间短暂。尔：语气助词，无实义。

曹韩沙谶

沙拥江心有待圆，而今文运恰逢年。

运从甲子初开历，文自东来〔一〕得异传。

兔颖〔二〕光浮当日彩，沙头谶合〔三〕宿生缘。

诸君授得天人策，好向清时〔四〕效斡旋。

注 释

〔一〕古代文武百官排列位次，文官位于东，武官位于西。

〔二〕兔颖：用兔毛制成的笔。颖，毛笔。

〔三〕谶（chèn）合：将要应验的预言、预兆。

〔四〕清时：清平之时，太平盛世。清曹寅《一日休沐歌》："清时低赁伯通庑，残年高枕瞿昙书。"

铜阜栖灵

为爱仙游不受官，无如铜阜境幽间。

霎时豹隐[一]藏云雾，奕代[二]龙章贲宇寰。

万壑涛声如振啸，千岩霁色似开颜。

人情瞻跂无穷意，香火荧荧映远山。

注释

〔一〕豹隐：喻隐居。典出《列女传》卷二《贤明传·陶答子妻》，南山有一种黑色的豹，可以在连续七天的雾雨天气里而不吃东西，是为了长出花纹，躲避天敌。后以"豹隐"比喻隐居伏处，爱惜其身，亦作"玄豹""豹雾"。

〔二〕奕代：历代。

铁船遗迹

幻作神通锦作衣，驾来铁艇显灵威。

不知谷口真人隐，尽道浔阳太守归。

问水寻山宁俗调，开头掗舵总仙机。

流传今古存遗迹，物在人亡事已非。

禅寺晓钟

五更鸡唱曙光明，忽送招提[一]钟数声。

惊起居人蕉鹿梦，唤将旦气玉冰清。

远音谛听觇[二]迟早，余音徐传卜雨晴。

法物祇林何代事，烟云翘首不胜情。

(注)(释)

〔一〕招提：寺庙的别称。

〔二〕觇（chān）：看，偷偷地察看。觇望。觇候（侦察）。

县河晚泊

薄暝城边鼓角残，停桡舟子泊江湾。

杨枝夹岸笼烟住，水势随潮带月还。

醉卷白波情自适，枕酣青雀梦常闲。

却愁明夜击何处〔一〕，回首铜山隔远关。

(注)(释)

〔一〕击何处：泊何处。

槐阴小署

谁植双槐环堵前，扶疏如盖绿森然。

衔杯时对朦胧月，兀坐〔一〕浑疑黯淡天。

兔眼〔二〕成林绕数日，鳣堂〔三〕借覆几经年。

取希王氏三公后，喜傍浓阴手一编。

(注)(释)

〔一〕兀坐：独自端坐。

〔二〕兔眼：槐树初生的叶芽。庄子曰："槐之生也，入季春，五日而兔目，十日而鼠耳。"

〔三〕鳣（zhān）堂：古时讲学之所。

望圆高阁

巍峨高阁接城埤^{〔一〕}，四顾山光入望奇。

独步敲诗消白昼，群居探藻映青藜。

几看春绽梅花蕊，时见风翻杨柳枝。

无奈王程^{〔二〕}催去棹，凭临数载有余思。

注 释

〔一〕 城埤：城墙。埤，矮墙。

〔二〕 王程：奉公命差遣的行程。

翁金堂

翁金堂，生卒年失考，寄籍钱塘县（今属杭州市）。曾任铜陵县知县，后升廉州府（今广西合浦）同知。

天仙子·登天王山

水色环山明四傍，时度香风松顶上，画檐高压鸟飞低。轩牖〔一〕敞，凝眸望，几点青青天际嶂。韶华晚来添色相，刚见苍天将月放，一轮入座一垂江。澄波漾，轻风荡，琉璃〔二〕光与珠帘扬。

注 释

〔一〕轩牖：窗户。南朝梁任昉《齐竟陵文宣王行状》："尚想前良，俾若神对，乃命画工图之轩牖。"

〔二〕琉璃：这里是指上彩釉的瓦。

舟中望石龙矶

北海神仙何有叟，手持玉策驱虬走。

乘飚驾电指南来，越国经都日八九。

江上适遇天王氏，邀之共饮五松酒。

神人不顾走自如，疾呼勿应但挥手。

天王大怒叫帝阍，帝命铜官往驯操。

神人闻之弃虬去，飞入白云拂双袖。

铜官大夫召地丁，锁虬金绳如玉纽。

长虬欲去去不得，昂藏宛办惟骧首。

月明照见甲参差，风动时闻叫声吼。

鳞间的晒满金沙，万斛鲛珠常喷口。

玉爪爬开乱石堆，苍烟披拂长堤柳。

磊块还堪镇地关，魁奇端足雄江右。

我来击节过其前，凝眺徘徊成坐久。

醉后轻狂发浩歌，为尔留题传不朽。

墨花零落映空潭〔一〕，安得笔峰巨如帚。

注释

〔一〕空潭：石龙矶下的山洞。

王凤娴

王凤娴，字瑞卿，号文如子，松江府华亭县（今上海金山吕巷颜圩村寒圩）人，解元王献吉之姐，宜春（今属江西省）令张本嘉妻。

王凤娴自幼聪颖，工文笔，有诗名，一代女诗人、女词人。垂髫时，祖父命对云："秀眉新月小。"她即应声云："鬓发片云浓。"后适进士张本嘉。夫逝后，艰辛自誓，抚其子女，其他事迹不可考。

王凤娴著有《翠楼集》《贯珠集》《焚馀草》。《焚馀草》辑入《女中七才子兰咳二集》中。

寓五松雪霁偶成

老去何妨白发增，闲来无事亦无能。

征逋〔一〕索酒梅寻侣，窥户催诗月向朋。

纸帐不愁帘贮雪，布衣堪御树垂冰。

烧松余得茶烟墨，染向毫端写大乘。

注 释

〔一〕逋：拖欠、拖延之意。

中秋望圆阁玩月

纤云彻净月中天，霜鬓欣逢此夜圆。

金盏景飘溶绿蚁〔一〕，素罗寒袭薄飞烟。

目随征雁茸城远，身寄浮槎银汉边。

仿佛蟾宫仙乐沸，清音缭绕落筵前。

（注）（释）

〔一〕绿蚁：新酿的酒还未滤清时，酒面浮起酒渣，色微绿（即绿酒），细如蚁（即酒的泡沫），称为"绿蚁"。

第一部分　先贤咏铜官

李士元

李士元，浙江慈溪人，中举后于明嘉靖四十一年（1562年）任铜陵知县。在位时，曾主持过《铜陵县志》修纂工作，有政绩。

凤凰[一]晓行

幨帷厌池草径鲜，壮志消磨露草边。

丹叶拥水水疑热，絮云裹山山怕寒。

剥稻村春叶犹落，炊羹野灶霜未干。

篱间瘠犬吠过客，似与主人护晓眠。

注释

〔一〕凤凰即凤凰山，在铜陵市铜陵县顺安镇境内。

初至禅定寺[一]

栖栖六月度江乡，客况何当驿路长。

雪霿[二]摩天江汉壮，云霞引袖黍禾香。

简书捧月尘心赤，桑梓迷烟望眼黄。

双剑应知千载意，漫将衰鬓数冯唐[三]。

〔一〕禅定寺：旧址在今顺安镇凤凰山。

〔二〕雪霰：夏天，在高山地区，天空里经常有许多过冷水滴围绕着结晶核冻结，形成一种白色的没有光泽的圆团形颗粒，气象学上把这种东西叫作霰，许多地方口语称它为米雪或雪霰。

〔三〕冯唐：西汉云中太守魏尚镇守边陲，防御匈奴，作战有功。后因上报朝廷的杀敌数字与实际不符，只差六颗头颅，被削职查办。郎中署长冯唐认为对魏尚的处理不当，当面向皇上直谏，文帝派冯唐持符节去云中赦免魏尚的罪过，恢复了他云中太守的官职。

澄照寺

丛门〔一〕初驻节，草莽即生神。

石瘦春秋老，僧贫意气真。

联风双鸟翼，闷水乱蛙唇。

征衫收暮雨，一坐野园春。

注释

〔一〕丛门：杂草丛生，遮掩着山门。

谒府回舟中立冬

清溪杯酒肃霜〔一〕天，一夜西风鼓角坚。

商笋〔二〕盈虚帆影里，客床湿燠〔三〕雁声边。

池村烟净黄花灿，华岭云轻白鸟翩。

一绥〔四〕那须千缕簌，灯前赖有斫轮编。

（注）（释）

〔一〕肃霜：谓霜降而万物收缩。朱熹集传："肃霜，气肃而霜降也。"宋沈遘《谢冬服表》："感肃霜之节，嘉献裘之勤。"一说，肃霜犹肃爽，指天高气爽。参阅王国维《观堂集林·肃霜涤场说》。

〔二〕商，磋商、商讨；算（suàn），主要是计算、算计、计谋、谋划等意思。

〔三〕燠（yù）：指炎热、闷热。

〔四〕绶：一种丝质带子，古代常用来拴在印纽上，后用来拴勋章。古代是区分官员等级之标志。

夜　行

夜半江村矗发天，百年常结一樽缘。

盘餐罗列雁声到，烟水空同月影圆。

挽绶岂忘廷雉谊，驱车不计掌珠年。

间阎正属诛求急，鸡犬声中梦未便。

观竞渡

龙舟神捷饰雄文，扬子江边午日〔一〕温。

鼍鼓弥天降怪物，兰桡击水出忠魂。

追风麟甲黄头合，照银锋铓白浪分。

世俗不知孤愤意，绿阴深处列壶飧〔二〕。

（注）（释）

〔一〕午日：端午节。

〔二〕壶飧：壶盛的汤和饭。《左传·僖公二十五年》："昔赵衰以壶飧从径，馁而不食，故使处原。"《资治通鉴·汉献帝建安十四年》："至令士大夫故污辱其衣，藏其舆服；朝府大吏，或自挈壶飧以入官寺。"

迎　春

绮罗成队接青阳，春仗〔一〕行春春水茫。

雪底风清吹玉树，花前淑气润铜章。

细草梦回鸡犬域，芳心羞上蚕丝堂。

东风生处成佳况，暂对宾朋锦瑟〔二〕傍。

注释

〔一〕春仗：帝王春日行幸的仪仗。唐沈佺期《昆明池侍宴应制》诗："春仗过鲸沼，云旗出凤城。"宋秦观《次韵宋履中近谒大庆退食馆中》："迎谒晓廷清跸近，退穿春仗彩旗间。"

〔二〕锦瑟：装饰华美的瑟。瑟：拨弦乐器，通常二十五弦。

吴 琛

吴琛，字舆壁，繁昌（今安徽省繁昌县）人。景泰年间举进士，擢御史，巡按四川。英宗复位，石亨专权自恣，琛与同官劾之，出知河北迁安县。五日后，天降寸雹，英宗以为天意，忙命还其台职，累加右佥都御史，巡抚甘肃，总督两广，卒于任所。

清凉〔一〕八景

天台秀峰

奇峰耸翠碧云端，信是神灵拔地攒。

万缕烟霞笼石磴，四时花木荫林峦。

鸟还青嶂歌声杂，人立红亭眼界宽。

共说禅宗栖得稳，个中盘曲往来看。

注 释

〔一〕清凉：景在钟鸣镇狮子山上，山上有上清凉、下清凉。

喷珠泉美

方池圆石出天然，罅隙〔一〕能通地底泉。

源脉涌来如醴冽，支流喷出若珠圆。

甘凉可却炎天暑，润泽堪浇旱岁田。

自是禅心相对处，了然不受一尘牵。

- 128 -

〔一〕罅隙（xiàxì）：裂缝，缝隙。

狮子昂霄

山形肖兽得名称，耸立云霄态度横。

雾罩晚岩疑气吐，草铺春麓若毛生。

从龙有意能兴雨，与世无情岂啖牲〔一〕。

独爱禅房风景好，年年侧耳听钟声。

〔一〕啖牲：啖，食也。牲，牲畜也。

玉鼎含烟

顽石分明造化成，如炉如鼎竖山嵚〔一〕。

翠岚缥缈临铉〔二〕起，白霭氤氲傍足沉。

恍惚檀香焚宿火〔三〕，依稀云气散秋岑。

老禅玩此清无限，忘却尘中世故心。

〔一〕山嵚：山巅。

〔二〕铉：铉是中国古代举鼎器具，状如钩，铜制，用以提鼎两耳。

〔三〕宿火：隔夜未熄的火，预先留下的火种。

百丈丹崖

绝顶巍峨百丈高，红尘飞不到林皋。

天光远映岩头树，地气微生涧底飚。

狍子野猿时上下，迎人山鸟自呼翱。

何当梵刹〔一〕鸣钟杵，响应崖声似击鼖〔二〕。

注释

〔一〕梵刹：泛指佛寺。

〔二〕鼖（gāo）：大鼓也。《诗》曰："鼖鼓不胜。"

马岭松筠

长峦高处倚徂松，偃蹇犹如立地龙。

满树风声和晓日，万枝云气覆晴风。

效灵常是兴甘露，休憩何须问旧封。

寄语樵柯休剪伐，年年留取伴禅宗。

罗公书院〔一〕

哲人有志助功名，故向幽林结短楹〔二〕。

屋里唔咿声未绝，案头博览业尤精。

一朝伟烈称当世，百载颓基〔三〕仰旧声。

珍重乡邦年少士，好将踪迹效前英。

注释

〔一〕罗公书院：进士罗京的读书小屋。

〔二〕短楹：矮小的房屋。

〔三〕颓基：罗公书院旧址。

天女前拜

孤峰挺秀倚长空，似对祇园展拜容。
突兀岂能循礼度，欠伸却讶尽严恭。
羊肠曲绕烟霞烂，螺髻光凝雨露浓。
共说此中多胜景，何时登眺望云松。

吴与弼

吴与弼（1391—1469年），初名梦祥、长弼，字子傅（一作子传），号康斋，明崇仁县莲塘小陂（今江西省抚州市崇仁县东来乡）人。是崇仁学派的创立者，明代学者、诗人，著名理学家、教育家。在清代黄宗羲的《明儒学案》一书中，《崇仁学案》位列第一，吴与弼为《崇仁学案》的第一人，显示了吴与弼在明代学术思想界的重要地位。

吴与弼创立的"崇仁学派"享誉中外，其下开的"江门之学""余干学派"和稍后的"江右王门之学"是推动中国文化教育第二次下移的端绪，为中国思想史的发展做出了突出贡献。

十里长山

群岗联络接铜陵，何代流传十里名？

隔岸翠屏相应好，片帆归咏正秋清。

又

归心日日数邮程，楚水吴山〔一〕次第吟。

安乐有窝时在眼，只怜无计答升平。

注 释

〔一〕楚水吴山：铜陵乃古时吴国与楚国交界处，有吴头楚尾之说。

张煌言

张煌言（1620—1664年），字玄著，号苍水，浙江鄞县（今宁波市鄞州区）人，南明儒将、诗人。崇祯时举人，官至南明兵部尚书。顺治二年（南明弘光元年、1645年）南京失守后，与钱肃乐等起兵抗清。后奉鲁王朱以海，联络十三家农民军，并与郑成功配合，亲率部队连下安徽二十余城，坚持抗清斗争近二十年。康熙三年（1664年），随着永历帝、监国鲁王、郑成功等人相继死去，张煌言见大势已去，于南田的悬岙（ào）岛（今浙江象山南）解散义军，隐居不出。是年被俘，后于杭州遇害，就义前，赋《绝命诗》一首，谥号忠烈。其诗文多是在战斗生涯里写成，质朴悲壮，表现出作家忧国忧民的爱国热情，张煌言与岳飞、于谦并称"西湖三杰"。清国史馆为其立传，《明史》有传。乾隆四十一年（1776年）追谥忠烈，入祀忠义祠，收入《钦定胜朝殉节诸臣录》。张煌言诗文著作大半散佚，今有《张苍水集》行世，内收《冰槎集》《奇零草》《北征录》等。

驿书至偏师已复池州府

赤羽〔一〕飞驰露布哗，铜陵西去断悲笳。
横流锦缆窥三楚，出峡霓旌接九华。
歌吹已知来泽国，樵苏莫遣过田家。
前驱要识王师意，剑耀弓鸣亦漫洿。

注释

〔一〕赤羽：古代调动军队所用的文书，上插羽毛，示为急件。

李日新

李日新，生卒年失考，明铜陵陶村耆（铜陵县西联乡钟仓）人。崇祯九年（1636年）府贡，任嘉定教谕。

金带山

剑劈玄机启殿雄[一]，遐昌[二]帝道福无穷。

千年宝气光霄汉，莫说铜官只有铜。

注释

〔一〕启殿雄：开始建造雄伟的大殿。

〔二〕遐，远也。昌，强盛。遐昌：意为永久的昌盛。

张骏业

张骏业，生卒年失考。句容（今属江苏省）人。贡生，崇祯十三年（1640年）任铜陵教谕。

宿石佛山〔一〕

灵墟地拥护慈云，宝象天开摄世氛。

鸟类频伽〔二〕诸佛现，花疑优钵〔三〕妙香分。

时亲钟磬心都净，剩有笙箫耳懒闻。

信宿〔四〕淹留缘夙契，四山朝夕对氤氲。

注释

〔一〕石佛山：位于顺安镇与西联乡交界处，古代建庙挖出一尊石佛，故山与庙均以"石佛"命名。

〔二〕伽：指僧众所住的园林，后指佛寺。

〔三〕优钵：优钵罗，佛教用语。

〔四〕信宿：连宿两夜。

周 铎

周铎，生卒年失考。铜陵凤凰耆（铜陵县顺安镇）人。景泰元年（1450年）贡生。

凤凰[一]八景

横山高截

其一

横山崎岖一径通，几多花木绚晴空。

春来有客闲登眺，满目清香逐好风。

其二

自古横山[二]景致幽，相期造化永无休。

界通两县东西异，水傍平川南北流。

春到奇花开树杪，晓来好鸟闹林头。

游人适兴闲登罢，回首吟哦兴趣优。

（注）（释）

〔一〕凤凰：新桥镇境内凤凰山，属铜陵市铜陵县顺安镇。

〔二〕横山：横山岭，凤凰山与南陵县丫山交界处。

面山异境

其一

白面山高今古同，峰峦层列耸云中。

腰间有石刊灵圣[一]，多少祈求感报功。

其二

面山异境玉嶙峋，远耸危峰几万春。

奇树逢时方发达，浓烟向晓又添新。

名刊石壁存遗迹，灵应乡村表致仁。

我亦闲游来此处，不胜兴感倍精神。

注释

〔一〕有石刊灵圣：山腰有一石刻"白面山夫人之位"。

石山凤凰

其一

庐外山高插半天，石边〔一〕孤井聚甘泉。

凤凰一饮千年后，尚有遗迹万古传。

其二

巍峰一派自乐来，宛转峰腰接上台。

孤井凝泉依石出，灵禽鸣饮露踪回。

远离凡俗尘无杂，幽静深林花自开。

看此名山能有几，室庐相近甚佳哉。

注释

〔一〕石边：指凤凰落脚石旁边。

塔山胜境

其一

四顾山光眼界宽，花红树绿景无端。

泉流崖洞〔一〕千年石，留与人间后世看。

其二

胜境临轩路不遥，先人曾此兴偏饶。

鸟音入谷声呼应，山耸迎晖影动摇。

排列悬崖危欲坠，奔驰飞瀑〔二〕落还跳。

登高几度诗人思，坐对晴云景寂寥。

注释

〔一〕崖洞：观音洞。

〔二〕飞瀑：滴水岩瀑布。

潭山灵湫

其一

万丈深潭〔一〕彻底清，神龙蟠处寂无惊。

一朝鼓舞升天去，遍洒甘霖济众生。

其二

灵湫〔二〕池隐万山中，竹树森森少路通。

一镜渊泉清彻底，四周石壁耀晴空。

神龙潜伏波涛静，雷鼓喧轰云雾从。

遇旱黎民祈有感，沛然霖雨下苍穹。

注释

〔一〕深潭：指金溪潭。

〔二〕灵湫：有神灵的深潭。

居山建寺

其一

殿庙巍峨纪胜流，山青水秀绕林邱。

闲从老衲谈清话，何异蓬莱洞里幽。

其二

青居古刹〔一〕小栏东，殿庙巍峨耀碧空。

胜境峥嵘疑佛域，法门清静赛崆峒。

流泉旋绕鱼游戏，荷芰〔二〕芬芳花映红。

有事不妨来过访，盘桓日夕兴无穷。

注 释

〔一〕青居古刹即青居寺。

〔二〕荷芰即荷花。

金山〔一〕金牛

其一

神气凝成几万秋，忽然崩裂出金牛。

世人漫说奔淮北，尚有金牛名未休。

其二

天地精英产瑞兮，包含无限草萋萋。

忽然崩裂金牛见，曾被人追江汉西。

远望巍巍遗迹在，遥看叠叠淡烟迷。

我今采景〔二〕编诗卷，留得芳句万载题。

注 释

〔一〕金山即今金牛洞所在之山。

〔二〕采景即诗人采风。

洞山马踪 [一]

其一

烟树溟蒙碧洞迷，泉流长自洗尘泥。

当年不是仙人入，安得遗踪在马蹄。

其二

名山东畔几千年，幽静深沉一洞天。

林树远迷人迹少，月明斜照石门前。

尘埃自昔源流涌，仙迹由来马足传。

闻此也曾流胜境，无迹回首望云巅。

注释

〔一〕洞山马踪：凤凰山东北有仙人冲，冲内有石硐，硐外有马之足迹。

蔡文陞

蔡文陞，生卒年失考，崇祯七年（1634年）任铜陵教谕。其人性格直爽，才思敏捷，多有著述。后升巴东知县。

沧浪钓台 [一]

谁将只手劈谽谺 [二]，江月江风引兴奢。

曲洞蹲龙嘘紫雾，高巅跱雀洒玄沙。

珠玑满眼攒奇石，星斗罗胸绚彩霞。

自是黑头 [三] 偏迈俗，羊裘泽叟莫相夸。

注释

〔一〕沧浪钓台：在铜陵天王山西麓。

〔二〕谽谺：山石险峻貌。

〔三〕黑头：指青年。因青年人头发乌黑。

张用中

张用中，生卒年失考，太仓（今江苏太仓）人，贡生。万历七年（1579年）任铜陵教谕。后升和州（今安徽省和县）学正。

题天泉〔一〕

清泉曲曲出山蹊〔二〕，何故当年未品题。

我特知君流派远，泉名应与此山齐。

注释

〔一〕天泉：在铜陵天王山西麓，作者以山为泉命名。

〔二〕蹊，小路也。谚曰：桃李不言，下自成蹊。

新春访西峰道院〔一〕

为爱西林胜，春风尊酒前。

三江浮素练，双洞〔二〕护苍烟。

坐久心愈寂，机忘意自便。

却疑今日会，潇洒出尘缘。

注释

〔一〕西峰道院：西峰山，位于县城东南二十里，今铜陵市铜陵县天门镇境内。山上古有道观。

〔二〕双洞即西峰山中双龙洞。

胡肇元

胡肇元，生卒年失考，铜陵沸水（铜陵县顺安镇）人，胡舜元后裔。

逢原堂嘲荆公〔一〕

灵泉〔二〕淅沥旧山青，昔日蟠龙〔三〕养未真。

霖雨徒为天下病，苍生应望后来人。

注释

〔一〕荆公即王安石。

〔二〕灵泉即灵窦泉。

〔三〕蟠龙：意指王安石推新法被贬，曾在大明寺旁设馆教书数年。

逢原堂

先人曾此筑逢堂，五百年来不坠芳。

自古英雄皆有蒂，于今豪侠更当强。

窦泉清澈恒流久，院桂芬华正向阳。

斯舍岂容人乱榻，还期吾氏绍书香。

胡士宏

胡士宏，生卒年失考，铜陵沸水（铜陵县顺安镇）人，胡舜元后裔。

逢原堂

遥望叶峰〔一〕巅，青青峙斗北。

嵯峨十里前，来结山腰石。

下有灵窦泉，渊源不可测。

先人爱乐饥〔二〕，因建文昌宅。

教子择名师，敬礼土荆国。

诗赋有余闲，为传八股〔三〕业。

居安复资深，义取逢源说。

介甫〔四〕与叔才，诚哉两不竭。

于戏二公亡，谁复能自得。

凡为君子儒，应作斯堂客。

注 释

〔一〕叶峰即叶山。

〔二〕乐饥：疗饥、充饥。乐，通"疗"。宋苏轼《十二琴铭·玉磬》："其清越以长者，玉也；听万物之秋者，磬也。宝如是，中藜藿，不再食。以是乐饥，不以告籴。"一说"乐饥"谓乐道而忘饥。

〔三〕八股即八股文。

〔四〕介甫：王安石，字介甫。

胡自田

胡自田，生卒年失考，铜陵沸水（铜陵县顺安镇）人，胡舜元后裔。

大明寺 〔一〕

古刹相传起盛唐，于今有见白毫光。

山腰石畔天花〔二〕坠，海眼泉中玉露香。

五种声闻猿语寂，三乘〔三〕法演虎机忘。

珠林便是婆娑境，何用烟霞觅上方。

注 释

〔一〕大明寺：位于铜陵县顺安镇明湖村境内。

〔二〕天花：灵窦泉喷出的泉水如天女散花。

〔三〕三乘即"声闻乘""缘觉乘""菩萨乘"，"声闻乘"又名"小乘"，"缘觉乘"又名"中乘"，"菩萨乘"又名"大乘"。

李廷瓒

李廷瓒，生卒年失考，福建闽县（今福建福州市）人，举人。嘉靖二十六年（1547年）任铜陵县教谕，后升景陵（今湖北天门）知县。

清凉寺〔一〕

偶到清凉寺，山幽景自奇。

峰高天易合，树密日升迟。

老柏栖鸟惯，寒僧接客稀。

半空悬石塔，坐对语忘饥。

注释

〔一〕清凉寺：位于铜陵市义安区钟鸣镇境内狮子山上，分上清凉和下清凉。

游禅定寺〔一〕

为过乘骢到此间，云迷古寺境常关。

竹荫绕屋栖鸣凤，松荫遮林隐瑞鸾。

行跳忽惊喧鸟乱，坐来不觉老僧闲。

静思尘世空名累，天地何曾隘〔二〕小官。

注释

〔一〕禅定寺：旧址在铜陵市铜陵县顺安镇境内。

〔二〕隘：阻碍。

王 昂

王昂，生卒年失考，江西人，解元。

铜官山保胜侯庙次裴休韵

贤侯[一]流庆远，王祀[二]此江边。

迹隐苔封石，名留月在天。

灵应钟泰岳，图不必凌烟。

箫鼓迎神处，茗蒿欲怆然。

注释

〔一〕贤侯指张宽。

〔二〕王祀：奉帝王之命来祭祀。

周　仕

周仕，生卒年失考，庐陵（今属江西省）人。

和裴休《题铜官山保胜侯庙》韵

张侯[一]捐郡印，庙食铜山边。

骨瘗[二]千祀地，神超大界天。

碧坛栖桂雨，丹洞肃枫烟。

威灵将不信，碑勒[三]岂徒然。

注　释

〔一〕张侯指张宽。

〔二〕瘗（yì）：（1）掩埋，埋葬。如：瘗埋、瘗藏。（2）埋物祭地。

〔三〕碑勒：将祭文刻在碑上。

周　仲

周仲，生卒年失考，吉水（今属江西省）人。

和裴休《题铜官山庙》韵

张庙[一]古何在，铜官山水边。
乞灵应有地，回驭却上天。
树密笼寒雾，潭深带夕烟。
千年几兴替，此际独岿然。

注释

〔一〕张庙：纪念张宽的庙，即保胜侯庙。

孙 镒

孙镒，生卒年失考，贵池（今安徽池州）人，曾任铜陵知县。

铜官山保胜侯庙次唐裴相国韵

云林峨古庙，揜映〔一〕石门边。

仙境更何地，尘寰别有天。

鹤来松点雪，龙起洞嘘烟。

山水钟灵秀，神明岂偶然。

注释

〔一〕揜（yǎn）映：掩映。唐代韩愈《谒衡岳》诗："夜投佛寺上高阁，星月揜映云曈胧。"明代张煌言《舟山感旧》诗："隔浦青磷相揜映，傍溪红雨自霏微。"

袁　沛

袁沛，生卒年失考，铜陵坊市耆（铜陵县城关镇）人，隆庆三年（1569年）贡生。曾任华亭、安义训导，后升任五河教谕等职。

登宝山庵〔一〕

胜地乾坤合，宝山有洞天。

若凭千树杪，谷注一人泉。

绝壁风尘外，长江烟树边。

寻幽到真境，神爽讶登仙。

注 释

〔一〕宝山庵：遗址在铜陵市郊宝山。

周允瑞

周允瑞，生卒年失考，铜陵凤凰耆（铜陵县顺安镇）人，万历丙午年（1606年）举人。

莲台书楼〔一〕

爱莲〔二〕自是吾家事，更向莲台筑室居。

我老披吟〔三〕心独苦，名山谁复向藏书。

注 释

〔一〕莲台书楼：遗址在铜陵市铜陵县顺安镇凤凰山。

〔二〕周敦颐（1017—1073年），字茂叔，号濂溪。北宋五子之一，程朱理学代表人，道州营道楼田堡（今湖南省道县）人。北宋思想家、理学家、哲学家、文学家，学界公认的理学鼻祖，称"周子"。著有《爱莲说》。

〔三〕披吟：翻开《爱莲说》吟诵。

王 贯

王贯，生卒年失考，浙江松阳县（今浙江遂昌）人，举人。明正统元年（1436年）任铜陵县教谕。曾在铜陵广拓学宫。因母丧葬于铜陵，而附籍铜陵。

铜陵四咏

松山[一]文猷

谪仙曾此究遗经，遂使松山擅美名。

乔木尝青含秀气，飞流不断带书声。

奎光炳焕霞初照，文运昭回日正明。

安得从容登绝岭，五松深处望神京。

注释

〔一〕松山：指五松山。

杏阜[一]丹光

仙翁修炼已飞升，夜夜丹光射紫清。

石鼎千年存古迹，杏花几树发春荣。

云浮恍若炉烟动，月皎犹疑灶火明。

安得相从求至诀[二]，功成九转得长生。

注释

〔一〕杏阜：指铜陵市铜陵县顺安镇杏山，今葛仙洞所在山。

〔二〕至诀：至关重要的秘诀。

叶山[一]文笔

一峰迥出直如椽，远镇铜陵几百年。

华表秋高金气肃，昆仑春暖玉毫圆。

云霞照处奎光[二]盛，菊露滋时秀色鲜。

兆应斯文诚不偶，科名人杰喜蝉联。

注 释

〔一〕叶山：指铜陵市铜陵县钟鸣镇叶山。

〔二〕奎光：奎宿之光。旧谓奎宿耀光为文运昌明、开科取士之兆。

大江[一]澄练

风恬浪静镜光浮，似练平铺昼夜流。

合派百川声浩浩，朝宗沧海势悠悠。

晓涵红日黄金满，夜浸银河碎玉稠。

自是烟波深莫测，万年天堑壮皇州[二]。

注 释

〔一〕大江：指铜陵段长江。

〔二〕皇州：帝都、京城。唐岑参《和贾至舍人〈早朝大明宫〉之作》："鸡鸣紫陌曙光寒，莺啭皇州春色阑。"

陈　镠

陈镠，生卒年失考，浙江慈溪人，举人。成化六年（1470年）任铜陵知县。任上减轻徭赋，兴办学校，使人才勃兴，户口日增。

泮宫四咏

泮[一]芹发秀

泮板晴影跨虹霓，池面芹香叶叶齐。

露堕柔茎春意足，烟笼绩翠晓光迷。

名闻往古人皆羡，水泛空虚月易低。

退食[二]迟回暂乘兴，倚栏高咏各东西。

注释

〔一〕泮宫：指学宫。

〔二〕退食：（1）语出《诗·召南·羔羊》："退食自公，委蛇委蛇。"谓减膳也。（2）退朝，就食于家或休息。《北史·高允传》："因退食暇，寻季式，酣歌留宿。"（3）归隐、退休。《后汉书·杨秉传》："俱征不至，诚违侧席之望，然逶迤退食，足抑苟进之风。"唐方干《与桐庐郑明府》诗："莫道耕田全种秫，兼闻退食亦逢星。"金刘迎《题刘德文戏彩堂》诗："先生遣决谈笑间，退食归来奉慈母。"这里或是退休之意。

坛杏飘香

坛花开尽乱飘香，沃土滋培岁月长。

旧本[一]遥知分阙里[二]，新梢远见出宫墙。

清芬暗觉饶春意，晴彩尤宜带夕阳。

钟鼓声残讲经罢，坐携余兴把红芳。

〔一〕旧本：指杏树的原始根苗。

〔二〕阙里：孔子之乡。

击鼓讲经

曙色初分烛影红，谈经鼍鼓奏逄逄。

满坛时雨弦歌里，一铎〔一〕春风绛幕中。

五典微言投积虑，三坟奥义得磨砻。

停看会合桃花浪，变化飞龙上碧空。

注 释

〔一〕铎：一种古乐器，大铃，形如铙、钲而有舌，古代宣布政教法令用的。

叩镛退食

谈经才罢叩镛迟，花底从容退食时。

莫道菹盐无美味，且留月米给晨炊。

分阴〔一〕过眼应须惜，列鼎当筵自有期。

千里霜蹄知汗血〔二〕，康庄近见早驱驰。

注 释

〔一〕分阴：俗曰"一寸光阴一寸金"。

〔二〕汗血即汗血宝马。

伍文定

伍文定（1470—1530年），字时泰，号松月，松滋（今湖北松滋）人。弘治十二年进士，授常州推官。精敏善决狱，被称为强吏。嘉靖六年（1527年），召拜兵部右侍郎，其年冬擢右都御史，代胡世宁掌院事。嘉靖八年，四川巡按御史戴金疏劾文定，尚书方献夫、李承勋亦诋文定好大喜功，伤财动众。文定遂于同年三月二十四日致仕。嘉靖九年七月卒于家。天启初，追谥忠襄。

下学〔一〕勉诸生

铜陵元亦有人才，二十年余逊夺魁。

莫谓山川埋秀丽，只缘子弟少栽培。

家邦敬恕天应得，昕夕〔二〕诗书运自回。

更益讲堂身教到，攀龙附凤逼三台〔三〕。

注释

〔一〕下学即视察教育工作。

〔二〕昕，作为名词指黎明，作为形容词指明亮的意思。昕夕，即朝暮。

〔三〕三台：喻三公。三公，中国古代朝廷中最尊显的三个官职的合称。周代已有此词，西汉今文经学家据《尚书大传》《礼记》等书以为三公指司马、司徒、司空。古文经学家则据《周礼》以为太师、太傅、太保为三公。

李循义

李循义（1487—1542年），嘉靖二年（1523年）进士，曾任科道御史、池州府推官、衡州府知府等职。

次韵赠教谕王一槐

先生自是出群才，坐我春风得士魁。

一本槐阴分旧植，五松书院发新培。

临江授笔穷三昧〔一〕，拂石谈经过百回。

今古苏湖谁上下，贤声从此彻三台〔二〕。

注释

〔一〕穷即绝、尽；三昧，奥妙、诀窍。

〔二〕彻三台：颂歌响彻朝廷。

赠训导毛翀

一毡〔一〕寂寞老时才，清暇凭君独占魁。

三径〔二〕菊松休记忆，满门桃李且栽培。

书堂疑处开雄辩，文到衰时力挽回。

但使江村知五教〔三〕，何须名位是三台〔四〕。

注释

〔一〕一毡：毛织物，铺于桌上，上面摆放宣纸。

〔二〕"三径"指归隐者的家园。这里喻家园。

〔三〕五教：五常之教，指父义、母慈、兄友、弟恭、子孝五种伦理道德教育。

〔四〕三台：这里喻高官。

勉诸生（二首）

一

铜官灵秀育英才，江嘴沙圆出大魁[一]。

井未及泉自由弃，山从平地要人培。

听鸡有梦真成舜，希骥无心自得回。

天不事皆男子做，宦门未必隔仙台。

二

十年养就不凡才，一战能收天下魁。

洗竹烟云连日扫，种兰雨露及时培。

尘心断后天机见，士气盛来文运回。

莫把沉身疑学海，棂星[二]耿耿接三台。

注释

〔一〕出大魁即出人才。

〔二〕棂星，本来称灵星，是天田星。汉高祖刘邦做了皇帝后，为了风调雨顺、百姓安乐，就命令祭祀天田星，并作为祭天的头等要事。到了宋代，儒家把孔子与天相配，把祭祀孔子当作祭天，筑有灵星门楼，用以祭祀孔子。这里意为"只要刻苦努力，学海的大门与三台是相通的"。

清 代

佘继益

佘继益（1611—1686年），字谦之，号杏岚，明末清初铜陵人。顺治五年（1648年）恩贡。顺治十四年（1657年）任直隶保定府管粮通判。康熙元年（1662年）升任四川直隶泸州知府，历任有声。

题翼龙山栖云庵

栖云物态弄晴晖，似雪芦花对岸飞。

树影不缘帆影乱，涛声时和磬声微。

传经鸟语晨喧枕，作画涣舟〔一〕晚泊矶。

千里江山观不尽，游人常傍月明归。

注 释

〔一〕作画涣舟：画舫、游船。

方　文

　　方文（1612—1669年），字尔止，又名一耒，字明农。又因以"嵞山"名集，并以为号，世亦称其为"方嵞山先生"。安徽桐城人。桐城方氏，是赫赫望族。

　　方文《嵞山集》中有"咏铜陵诗"四首。

泊紫沙洲

一

朔风阻前路，晚泊向孤汀。

月吐江村白，烟消渔火青。

床头霜气冷，舵尾浪声停。

借问舟中客，何人寐不醒。

二

江畔孤洲曰紫沙，昔时烟霭百余家。

一从豺虎来池口，遂使鸡豚尽水涯。

落日穷檐沽薄酒，寒宵危堰系枯查。

醉余一觉才安枕，又听军声四面哗。

注　释

　　紫沙洲，俗称"子沙洲"，位于长江南岸，今属铜陵县胥坝乡。现今子沙洲，东临长江，西北接文兴洲，南以长江小支流胥坝江与铜陵县本土相隔。不过在明时，文兴洲尚未形成，子沙洲东、北、西三面皆临大江，乃一四面环水的孤洲，与江北无为县刘家渡相望，所以两首诗都分别称其为"孤汀"和"孤洲"。当时洲上已有人筑堤垦殖，所以诗有"危埂"云云。只不过垦殖人不多，江村只有"百余家"罢了，"百余家"，实指也。

铜陵遇姚若侯

新亭期早发，恨尔别情牵。
挂席因风便，停桡在我前。
穷乡沽酒薄，密坐论文偏。
月色中天好，秋宵不忍眠。

注释

此诗当写于崇祯十四年（辛巳，1641年），即写第一首五律《泊紫沙洲》后两年。崇祯十二年春，方文回到了金陵，可能是因为染病，这一年未曾离金陵出游。庚辰年（崇祯十三年）有《白露洲访蔡鲁子》等诗，说明他在金陵。庚辰年他写的《为孙克咸三十初度兼送其移居》诗中，也明确说："故乡不可住，同寓石城偏"。这一年他有《容城答郑鲁若兼寄沈眉生》一诗，似乎他曾北游容城。大概他是在金陵过年的。年后即崇祯十四年春天他才启程西归，沿途舟次天门山（按：此处天门山又名博望山，即东梁山，今当涂境内，非铜陵境内天门山）、裕溪口（芜湖对岸）、繁昌等地，留下了《禊日牛渚》《天门访鲁孺发不值》《舟次裕溪》《舟次繁昌待孙克咸》等诗。禊日牛渚，说明在当涂时还是春三月，一路西行，一路访友，待到铜陵遇姚若侯时，已是初秋。从"新亭期早发，恨尔别情牵"诗句看，他遇姚若侯似乎事先有约。姚也是乘船来铜陵，而且先到，所以诗有"停桡在我前"之句。"密坐论文偏""秋宵不忍眠"，朋友相见，把酒甚欢，谈诗论文，听到许多不同寻常的高见，兴奋得中宵不眠。姚若侯，应是历史上官至刑部尚书的姚文然。姚文然，字弱（若）侯，生年不详。他与方文既同

— 162 —

乡，又同时代，都是桐城人，都生活在明末清初，他们互有交往，这是很自然的。除这首《铜陵遇姚若侯》外，《嵞山集》中有多首寄赠姚弱侯的诗，其中《送姚若侯计偕》四首五律，并自注："初，若侯游楚，予送之秋浦。"可见交谊很深。此诗写于崇祯十五年，称弱侯为"计偕"，可能此时姚弱侯刚参加会试尚未发榜，还是举人身份。姚于崇祯年间中进士。入清，顺治当朝时，曾任礼科给事中，中间曾一度离开朝廷归里。康熙五年，又补户部给事中。方文死后两年即康熙十年，他又任左副都御史，康熙十五年官至刑部尚书，1679年卒于任上。据传他曾要部下将自己的诗联"尝觉胸中生意满，须知世上苦人多"，每人抄录一纸，贴于壁上，以示警悟。（见王士禛：《池北偶谈》）姚入清后，虽仕清失节，但他为官清廉，敢直言，口碑不错。

九日铜陵阻雨

客里几回逢九日，舟中四次遇重阳。
年年风雨愁相似，历历湖山梦不忘。
前去吴江天惨栗，昨归京口路凄凉。
今朝又泊铜官县，三处烟波一断肠。

注释

这是方文四首"咏铜陵诗"写得最晚的一首，也是感情最为沉痛凄苦的一首。1644年，李自成攻入北京，崇祯皇帝吊死在煤山。随后，清兵入关，建立了大清王朝。同时南明小王朝在南京诞生。1645年，清兵南下，南明小王朝顷刻土崩瓦解。方文好友吴日生、陈子龙、徐闇公等一批爱国志士，在吴江一带（太湖流域）举义抗清。抗清失败后，吴日生在杭州就义，陈子龙在被捕押解途中投江殉节。徐闇公、杨龙友、孙克咸以及吴次尾等也先后罹难，江南一带反清武装基本平定。此后五六年里，方文以卖卜、行医为生，一直在南京一带漂泊游食。他自己感慨："肮脏乾坤剩此身，曾将彩笔撼星辰。于今东海扬尘日，来作江湖卖卜人。"（《京口即事》）他足迹遍于宛陵（宣城）、润州（镇江）、毗陵（常州）、吴门（苏州）等地。乙酉年《润州早发》诗云："才停京口棹，又挂武林帆。"武林，杭州旧称，可见他足迹也常达杭州。这期间，他也曾几次回过家乡，但都在家乡没住多久，又回到南京一带，继续他的卖卜游食生涯。

白 屋

白屋三楹覆白茅，青溪一带似青郊。

门前种圃多蔬甲，墙外编篱长竹梢。

守拙自无尘事扰，遗荣犹有俗人嘲。

邻翁善数通河洛，筮得山风第六爻。

注 释

录自《枞阳诗选》。

刘大櫆

　　刘大櫆（1698—1779年），清代散文家，字才甫，又字耕南，号海峰，桐城（今属安庆市枞阳县汤沟镇）人。年轻时入京，当时他的同乡方苞以古文负一时众望，见刘大櫆文，极为赞赏。乾隆时曾应博学鸿词科和经学科的荐举，都落选。后为黟县教谕，数年告归。有《海峰集》。

发铜陵

大江风急峭帆喧，帆影江声万马奔。
朝发铜陵未朝饭，两山如画过天门〔一〕。

注释

　　〔一〕天门，即今安徽省马鞍山市境内的东梁山和西梁山，古称长江的天门。

山居早春

出门无所适，闭户每经时。
松叶忽成韵，岭云无定姿。
午鸡啼上屋，春草绿过池。
生计从寥落，幽人吉在兹。

与诸君泛舟荷花盛开

把我兰陵醅，注君白玉杯。
荷花三十里，相对一时开。

短棹随流转，清歌逐吹回。

不知天色暮，明月上船来。

注释

录自《枞阳诗选》。

王思奎

王思奎，生卒年失考，字子元，明末清初铜陵坊一耆（今义安区五松镇）人。康熙十五年（1676年）恩贡。候选教谕。他博学多才，善于诗歌、辞赋，曾参与纂修明、清二部《铜陵县志》，并为家乡振兴学校做出贡献。

曹韩沙谶〔一〕

漫道曹韩两度圆，须知努力自逢年。

鱼龙只待波涛跃，鸂鶒〔二〕常催姓氏传。

宗浪可乘曾有约，卢标拟夺岂无缘。

从今草就《长杨赋》〔三〕，不向沙神〔四〕嘱斡旋。

注释

〔一〕曹韩沙谶（chèn）即今铜陵市义安区老洲乡。

〔二〕鸂鶒（xīchì）：一种水鸟，形似鸳鸯而稍大，多紫色，雌雄偶游。亦称"紫鸳鸯"。

〔三〕长杨赋：指西汉扬雄所作《长杨赋》。

〔四〕沙神：能预兆世事成败的沙神。

宋荦

宋荦（1634—1714年），字牧仲，号漫堂、西陂、绵津山人，晚号西陂老人、西陂放鸭翁。河南商丘人。诗人、画家、文物收藏家。后"雪苑六子"之一，宋荦与王士禛、施润章等人同称康熙年间十大才子。

顺治四年（1647年），年仅14岁的宋荦应诏以大臣子列侍卫。逾年考试，铨通判。康熙三年（1664年），授湖广黄州通判，累擢江苏巡抚，官至吏部尚书。宋荦为官正直，被康熙帝誉为"清廉为天下巡抚第一"。有《西陂类稿》等著作传世。

舟泊铜陵老鹳嘴与邱曙戒侍讲登岸小饮

曲港危樯客，空江落日圆。

故人初邂逅，野岸共流连。

笋摘新嫩，鱼烹小鲫鲜。

浊醪〔一〕容易醉，好傍白鸥眠。

注 释

〔一〕浊醪，老酒。即酒母。

蒋应仔

　　蒋应仔，生卒年失考。浙江山阴（今浙江绍兴）人，贡生，顺治二年（1645年）任铜陵知县。时铜陵刚遭兵难，百姓流亡，城郭倒塌。蒋应仔率众修筑城郭，安抚流散百姓，使黎民恢复家园，深受百姓爱戴。他在铜陵期间留下了不少诗赋、文章，并于顺治十二年主持编修了《铜陵县志》。

玉带河

　　河名玉带绕城来，潮自圆沙喷雪开。
　　嵲嵘云峰堪作砺，应知地脉本天裁。

次　韵

　　忆昔亭亭秀，披襟欲借欢。
　　我来一伫看，剩有清风寒。
　　供奉誉犹在，且留萄媪盘。
　　欷歔惟吊古，酹酒聊以飡。

踏莎行·秋霁登天王山

　　翠柏枝头，黄花叶底，雨余黛色净于洗。江云缥缈挂晴帆，微凉漱波入罗绮。　人静堂虚，琴问鹤趾，御风直上空山里。断霞孤鹜夕阳边，雁声脉脉愁万缕。

宝山乔松

　　深峡纤纤帝座通，拿云卷雾倚长空。
　　最宜三五清闲士，携得明珠入掌中。

登宝山庵

偶来到深谷，绕砌复登台。

竹坞乱啼鸟，松林破积苔。

颜题随意笔，磅礴任骚才。

精舍层层寂，烟萝手自裁。

城山莲花峰

山静水深云自飞，蒙茸软香石发稀。

密林幽鸟深深语，引向空烟破夕晖。

天王富览

亭传富览胜堪夸，灏气苍茫接海霞。

晴日华峰浮菡萏，寒空秋色冷蒹葭。

怒涛浪激千江雨，出谷娇啼满县花。

好景撩人看不尽，间寻野老问桑麻。

五松胜游

亭亭翠结五云连，软簇香茵覆草芊。

遮莫携柑供白眼，不禁把酒唤青莲。

低徊躅迹留余憩，凭吊披襟挹胜传。

流揽片时毛睫适，情深石上话新笺。

禅寺晓钟

福地珠林接胜游，五更清韵度清流。

枕边斜月家乡梦，江上残星旅客愁。

几树鸦啼衔欲尽，半窗鸡语和无休。

遥知咫尺瞻天处，相应玱玱宕玉钩。

彭文炜

彭文炜，生卒年失考，原籍沈阳，清朝江宁（今江苏南京）人，举人。顺治七年（1650 年）署铜陵教谕。当时铜陵遭兵燹后，学堂尚在创建之中，文炜任职后，建学堂，购经书，为铜陵教育做了一定的贡献。后升任山东冠县令，襄阳同知，潮州知府等职。著有《易学大全》等，留有《咏铜陵八景》等诗赋文章。

铜陵八景

天王富览

登高作赋我何能，遗址犹怀富览亭。

宛转湾头双鹭白，迢遥江上数峰青。

何须饮满诗方就，会见人豪地已灵。

不信天王空峙立，长松隐隐望飞轺。

五松胜游

何处骑鲸访谪仙，山花零乱石坛前。

芳名著胜松犹五，往事惊心岁已千。

谡谡涛声迟梦蝶，鳞鳞虬影湛秋蟾。

若教一染秦封号，谁决江流代洗羶。

石耳云根

听法曾闻石点头，原来有耳更何求。

涓涓泻瀑疑甘露，渺渺凌霄接碧丘。

雾鬓风鬟何处驾，云情雨意此间留。

仙踪莫讶成虚诞，流水桃花古渡幽。

曹韩沙谶

闻说淘金务净沙，方圆妙会各成家。

工夫不数恒河细，拣择惟虞一粒差。

火候告成丹鼎就，巽风团聚孕灵嘉。

应知谶纬无虚兆，伫看长安一日花。

铜阜栖灵

千秋望气结铜官，福地灵区庙食欢。

几阵松风飘宝絮，中天桂月浸雕栏。

采金供赋场所圮，浚泽遗民辙未干。

灵佑肤功难具述，寒山片石倩谁刊。

铁船遗迹

金陵亦有覆舟山，不道铜陵有铁船。

若借阿瞒排赤壁，宁忧黄盖烬青烟。

五丁鬼斧开天堑，十丈莲航系玉田。

仿佛仙槎真有据，烂柯鞭石尚疑玄。

禅寺晓钟

烟霭迷离屋数层，翠云堆里卧高僧。

愁看宦海风波险，爱对禅关花木澄。

潮助钟声谐佛唱，窗侵曙色灭璃灯。

须知八百犹多事，撞破初机即惠能。

县河晚泊

玉带河边珠媚渊，盈盈一水宛相牵。

霞围夕照明如锦，帆落归舟迅若弦。

有客嘲风怀谢朓，何人捉月继青莲。

低徊晚景难为绘，一点渔灯万灶烟。

王士禛

王士禛（1634—1711年），原名王士禛，字子真，一字贻上，号阮亭，又号渔洋山人，世称王渔洋，谥文简。山东新城（今山东桓台县）人，常自称济南人。清顺治十四年（1657年）进士，康熙四十三年（1704年）官至刑部尚书，颇有政声。清初杰出诗人、文学家，继钱谦益之后主盟诗坛，与朱彝尊并称"南朱北王"。诗论创"神韵说"，于后世影响深远。早年诗作清丽澄淡，中年转为苍劲，擅长各体，尤工七绝。好为笔记，有《池北偶谈》《古夫于亭杂录》《香祖笔记》等。

康熙朝书画家宋荦称王士禛"书法高秀似晋人"。近人称其书法为"诗人之书"。博学好古，又能鉴别书画、鼎彝之属，精金石篆刻。

晓望铜官山

空江寒月落，坐失九华峰。

回头望秋浦，何处九芙蓉。

晓日铜官上，泄云连五松。

碧鸡好毛羽，安得一相从。

陈 善

陈善,清铜陵坊一耆(铜陵县城关镇)人,康熙五十七年(1718
年)贡生。著有《六经讲义》等书。

初夏过竹林庵访友

野寺隐乔木,娟娟花蕊红。

出尘阅轨躅,毕景羡冲融。

惟有会心侣,宁辞酒盏空。

自今幽兴热,把钓待秋风。

褚邦礼

褚邦礼，生卒年失考，乾隆十六年（1751 年）任铜陵县令，曾率众捐资重建富览亭。

富览亭

一

云横翠叠望中新，收尽风光拾尽春。

最爱饶州贤刺史，不同俗吏叹官贫。

二

参差城郭烟中景，浓淡江山画里春。

漫道银州称锦里，宦游得此可忘贫。

张 湘

张湘，生卒年失考。铜陵人，邑庠生。

杏山眺览

山以杏名今鲜杏，山鲜杏兮名仍杏。

只因仙人偶驻踪，便跨群峦作袖领。

忆昔寂寂一荒岑，何忽丹炉与丹井。

总是岩谷有奇缘，特遣仙踪为之整。

我乘幽兴姿寻讨，健步直跻不须鞭。

忽而如狮石作朋，忽而如虬竹为屏。

俯瞰东西之两湖，藻荇荡波数千顷。

极目江光匹练遥，上下驶帆推日影。

遍历洞壑多窅虚，掷击其音仰而聘。

却疑仙家并渡山，剜肠剔骨去其鲠。

毋乃山灵亦学仙，玲珑嵌空甘厥瘠。

仙翁留此几何年，一旦乘云去蓬境。

吾辈耽栖阅数春，问玄何自徒耿耿。

仰慕仙风莫可酬，愿借上苑称栽岭。

程 哲

程哲，江南歙县人（今安徽歙县），监生，清朝著名的散文大家、石刻家。雍正二年（1724年）至雍正六年任崖州（今三亚崖县）知府。雍正七年改任广东盐运司运同。

五峰看桃花

万山窈然深，花开人不见。

涧水冽且清，流出桃花片。

偶来溪上游，拾得惊殊艳。

从此依径寻，春风醉人面。

千树开芳菲，夭姿令目眩。

落红铺翠茵，纤叶映丹堰。

最爱避秦人，结庐桃源畔。

朱一澍

朱一澍，生卒年失考，贡生，曾捐资纂修乾隆《铜陵县志》。

宝山登眺

宝气散林樾，云沙半吐吞。

浅红初逗影，嫩绿远生痕。

泉响知途近，山深觉路昏。

名蓝堪信宿，妙谛与谁论。

周大璋

周大璋（1671—？），字聘侯，号笔峰，桐城人。清雍正二年（1724年）进士，授湖南龙阳县令。

周大璋一生苦心钻研先儒之学，勤奋研读经史百家，这位桐城派文人留下了丰厚的著作，著有《四书精言》40卷、《四书正义》19卷、《左传翼》18卷、《修凝堂文钞》6卷、《朱子古文读本》16卷等。史载，周大璋为官清廉，一心为民着想，民以食为天，为了扩大老百姓的耕地面积，他曾组织老百姓围湖造田，遇到灾荒年，他开仓放粮，拯救百姓。为感念周大璋的恩德，当地人建"德政碑"来歌颂他的政绩。

滴水岩

迢遥径转树苍茫，雪洒晴空六月凉。

浑是明珠非蚌出，巨灵翻信有奇方。

甘霖万点白云隈，清冷玲珑泻碧苔。

每过松楸频徙倚，濂溪分得古泉来。

汤韶美

汤韶美，生卒年失考，清山东仙源（今山东曲阜）人，明经（明、清对贡生的敬称）。

太白祠怀古

千古人豪作酒仙，徜徉逆旅鹏高骞。

生平肝膈少人识，灏然意气薄九天。

水镜澄观汾阳略，灵武兴复方怡然。

笔摇五岳信无敌，酩酊不上天子船。

清平赋罢宁见嫉，夜郎明月谁相怜。

人生失意何足叹，捉月沧江兴翩翩。

敬亭云去鸟飞尽，松风醉吾呼青莲。

喻成龙

喻成龙，生卒年失考，清代诗人，字武功，奉天锦州（今锦州）人，曾任建德（今东至）县令、池州知府。

题五松书屋

数峰当户牖，高卧在其间。

酒热人偏韵，林幽鸟亦闲。

夕阳残北郭，疏雨过南山。

晏起行吟好，柴扉夜不关。

黄　淮

黄淮，生卒年失考，清铜陵坊一耆（今义安区五松镇）人。雍正癸卯科（1723年）贡生，丙午科（1726年）解元。

次王新建铁船韵

溢江浪涌矗银涛，不挂征帆不著桡。

神力飞行原绝迹，长年三老孰能操。

天为炉兮地为冶，日月俗兮风雨号。

三岛十洲瞬息遍，灵光爵爵满林梢。

当年晋舰惊秦众，举似此船心尚忉。

蒙叟虚舟凌北溟，百千亿万归笼牢。

大川利涉维新建，霖雨舟楫现神篙。

荡尽鲸鲵江表肃，浮云富贵卷长缲。

归求讲学芙蓉顶，慧眼婆心不惮劳。

聊假铁船频点铁，吟风弄月首常搔。

盛嘉佑

盛嘉佑，生卒年失考，清铜陵县石洞耆（铜陵县董店镇）人。乾隆丙子科（1756年）举人，任丹阳（今江苏丹阳）训导。

牡丹宅怀古

筹边持节善怀柔，西夏还辕锡予优。

一种名花分御苑，九重春色满瀛洲。

子孙看到传恩宠，富贵何人淡取求。

此日光风当谷雨，雕栏璀璨异香浮。

汪文瑞

汪文瑞，生卒年失考，清铜陵县人，进士，任湖广布政使司右参政。

敕赐牡丹——题牡丹

其一

宋时分种属君家，独美江南第一花。

金鼎夜寒团绛雪，锦机春暖簇红霞。

近风似笑天香发，障日如酣国色佳。

忆昔度公膺宠赐，根培轮苑播声华。

其二

名花佳品状元红，先世移来出禁中。

芳蔼俊昆多甲第，荣分西域表遗忠。

千年已见蟠根固，奕叶今有国色浓。

传至子孙孙又子，牡丹香里坐春风。

夏思泏

夏思泏（1798—1868年），字涵波，号少岩，清铜陵县钟鸣（今义安区钟鸣镇）人。清道光十四年（1834年）应乡试中举，选任芜湖县训导。后升任颖州府教授。思泏博学广闻，喜作诗、文、赋。先后有《少岩诗稿》《少岩文稿》《少岩赋草》《少岩改课》刊印行世。时安徽按察使吴坤谓夏思泏著作刊行后"异域亦多购之，近世以来，最为罕有"，称夏思泏为"铜陵之杰出也"。夏思泏70岁告老还乡，居钟鸣泉水坑上山岭东麓，日以文章山水自娱。病逝后，其著作大都散佚。现仅存刊本《少岩赋草》。

春日游五松山登太白楼

晚色启东关，五松山在目。

山势异雄俊，气象寓清淑。

入山画阴沉，半空风谡谡。

登楼喜闲敞，瞻像心仿佛。

太白何时来，豪爽破幽独。

骑鲸已仙逝，千载缅芳躅。

当兹春晴和，造化发涵蓄。

旷观足生趣，回扩怀抱促。

西北望江城，花柳万家簇。

夜来酥雨过，泾气蒸午旭。

正南峙铜官，千丈破空矗。

卷帘坐相对，活翠向人扑。

地偏少名胜，得此亦专局。

山僧老参禅，袈裟带古朴。

汲泉为烹茶，对饮一瓯绿。

张大观

张大观，生卒年失考，号愚谷，清朝铜陵县人，进士，著有《愚谷公遗稿》二卷。

灵崖寺感赋（外二首）

小憩禅关冬复春，狼氛转炽黯伤神。
故乡俱在针毡上，忍说桃源好避秦。

泉水坑

依然满目怵风烟，聚处何能尚晏然。
输与梁间双燕子，觅栖旧垒是年年。

古砚

千秋长此受研磨，不为行文便为歌。
石若能言应一笑，书生狂态我看多。

查慎行

查慎行（1650—1727年），浙江海宁人，字悔余，号他山，赐号烟波钓徒，晚年居于初白庵，所以又称查初白，为"清初六家"之一。初名嗣琏，字夏重，号查田，后改名慎行。康熙四十二年（1703年）进士；特授翰林院编修，直入内廷。康熙五十二年（1713年），乞休归里，家居10余年。雍正四年（1726年），因弟查嗣庭讪谤案，以家长失教获罪，被逮入京，次年放归，不久去世。

早过大通驿

夙雾才醒后，朝阳未吐间。

翠烟遥辨市，红树忽移湾。

风软一江水，云轻九子山。

画家浓淡意，斟酌在荆关。

（第一部分由周宗雄、谢业勤辑注）

李白与五松山文化发掘浅见

张文林

  五松山，在铜陵人心目中是与铜官山"双峰并峙"的"诗山"和"文峰"。如果说铜官山是铜陵作为有着三千年青铜文化历史和发达铜工业的"铜都标志"，那么，五松山则是铜陵作为行政区划几经变迁而留下的"乡愁"，更是诗仙李白亲自命名的"诗城坐标"。加上枞阳县名人辈出的"桐城派文化"，基于铜陵在地域历史文化中的广度、深度与丰厚内涵，我们可以用"铜都""诗城""文乡"加以形象的概括。五松山作为一个准确的地理性概念，已经较难确定。但作为铜陵城市的文化记忆和重要文脉发源地，当下仍然具有整理发掘传承的重大意义。

  习近平总书记指出："中华优秀传统文化是我们最深厚的文化软实力，也是中国特色社会主义文化植根的文化沃土。"今天，我们繁荣发展中国特色社会主义文化，既包括弘扬革命文化、发展社会主义先进文化，又包括传承和弘扬中华优秀传统文化。从这个意义上说，我们进行李白与五松山文化的发掘与传承，无疑是一项顺应人民对美好精神文化生活向往的民心工程。

  盛唐诗歌最杰出的代表、中国文学史上继屈原之后最伟大的浪漫主义诗人李白，从天宝元年（742年）开始，到上元二年（761年），先后4次来到铜陵，时间跨度长达20年，留下至少13首诗篇，其中脍炙人口的有《南陵别儿童入京》《与南陵常赞府游五松山》《铜官山醉后绝句》《答杜秀才五松山见赠》《秋浦歌》《宿五松山下荀媪家》等。

"仰天大笑出门去，我辈岂是蓬蒿人。""我爱铜官乐，千年未拟还。要须回舞袖，拂尽五松山。""征古绝遗老，因名五松山。五松何清幽，胜境美沃洲。""千峰夹水向秋浦，五松名山当夏寒。铜井炎炉歊九天，赫如铸鼎荆山前。陶公矍铄呵赤电，回禄睢盯扬紫烟。""跪进雕胡饭，月光明素盘。"等精彩诗句，不仅成为中国文学宝库中的经典，更是铜陵人引以为豪的文化自信的"源头"之一。

深入整理发掘、传承弘扬"李白与五松山文化"，笔者认为可从以下三个方面着手发力。

一、植根沃土，深入挖掘、整理、提炼李白与五松山文化的"根"

五松山，据多种史料记载和专家考证，有认为：在铜陵县城南四里，北临天井湖，南仰铜官山，西隔玉带河与长江相望。亦有认为，五松山即铜官山附近支脉五松山脉，东南高，西北低，山脉顺势从仪凤岭脚下向西北展布，绵延十里。惠溪河经此流进矾港入江。现有天鹅抱蛋山（海拔156米）、螺蛳山（海拔113、6米）和青石山为五松山高峰。20世纪80年代初，铜陵市曾组织过多次实地调查，大致认定五松山在市区天井湖宾馆至五松山宾馆一带。其山势已不显，景已不存。2003年，《铜陵日报》组织过"寻找五松山"的征文组稿活动，也未形成定论。但令人感到欣慰的是，李白与五松山文化却给铜陵打下了深深的烙印。义安区（原铜陵县）有五松镇建制，且曾长期为铜陵县城关所在地。观湖广场靠天井湖公园一侧有"李白邀明月"铜雕像；天井湖公园和原天井湖宾馆内则有大量的遗存，如该园儿童乐园对面的"爱乐轩""拂袖亭"，赏园中的"太白讲堂""芙蓉榭"等；市三中校园中的"五松亭""五松文化碑廊"，拟重建的李太白书堂等；义安路两侧的五松山剧场、五松山宾馆、五松八队。市区的五松大道、五松茶场等。

早在20世纪80年代，铜陵市就成立了五松山诗词研究学会，创办了市文联文学艺术刊物《五松山》。2012年，著名作家、学者、中国作家协会名誉副主席、原文化部部长王蒙应邀来铜作专场报告，并欣然为《五松山》题写刊名。仰慕李白诗仙盛名的历代诗人墨客，千载不休，佳作云集。如宋代的苏东坡、黄庭坚、李纲、杨万里、王安石、王十朋、包拯等，元代的房芝兰，明代的佘翘、汤显祖、王守仁、佘敬中、王世贞，清代的王士祯、姚鼐、喻成龙等几十位文豪大家都留下了追随李白的足迹，游览五松山的诗词歌赋，使五松山名闻天下。今天，我们挖掘、整理、提炼李白与五松山文化，就必须尊重历史事实和文化传承的科学规律，把握李白与五松山文化传承的时间性、空间性和主体性。在时间上，以李白命名五松山为源头，激活铜陵作为千年铜都的文化记忆，打通城市的文化脉络，让铜陵人和外地人真正感受到铜陵作为一座"诗城"的深厚文化底蕴，见证铜陵作为"移民城市"开放和包容的特质。

改革开放初期，铜陵市在天井湖公园一处草坪上竖立了德国大诗人席勒的青铜雕像，原来他出生在铜陵友好城市——德国马尔巴赫市；中国作家协会原副主席、著名诗人黄亚洲曾于2014年来铜陵采风创作，为铜陵留下了"吟铜诗"若干首。活跃在国内诗坛上的就有多位铜陵诗人。在空间上，我们不应拘泥于五松山作为有形山峰的确切位置，可立足现有的三大板块做足文章。即根据天井湖公园及老天井湖宾馆周边的实体呈现，市三中及周边的历史文化传承与普及形态，拟命名螺蛳山为五松山主峰的活态化传承。在主体上，李白与五松山文化为全体市民所拥有，广大铜陵人和在外地的铜陵籍人士均是传承挖掘五松山文化的主体，大家既是参与者和建设者，更是见证者和共享者。因为，这种城市文化记忆是属于所有铜陵人的美好文化记忆。同时，可依托市图书馆、新华书店、天井书院、滨江阅读点公共文化设施资源，设立"李白与五松山文化"专区、展柜，陈列李白与五松山文化系列书刊和研究成果；在各旅游景点和旅游宾馆饭店融入李白与五松山文化外宣品和旅游文创产品。修缮一批与李白与五松山文化密切相关的实体景观或遗址，如爱乐轩、五松亭、李太白书堂等并对外开放。在天井湖公园中，可利用现有的太白讲堂、芙蓉榭、徽派长廊、乐云亭等，集中打造呈现李白有五松山文化活性化传承的展览区，园内还有山谷碑林与其遥相呼应，相得益彰。

二、固本培元，持续保护、开发和推广李白与五松山文化的"本"

要系统搜集、整理、普查、登记有关李白与五松山文化的历史资料，如不同历史时期的县志、地方志、口述史、诗词文集、家谱族谱、家风家训、文艺期刊、等，在抢救性保护的基础上，进行创造性转化、创新性发展。深度开发和推广李白与五松山文化的时代价值和丰富内涵。如李白的《铜官山醉后绝句》："我爱铜官乐，千年未拟还。要须回舞袖，拂尽五松山。"一首诗描写了李白对铜官山和五松山的深厚情感，这在诗仙李白的诗歌中是不多见的，其中的深意和历史渊源值得认真探究。李白在《秋浦歌之十四》中写道："炉火照天地，红星乱紫烟。赧郎明月夜，歌曲动寒川。"这被当代著名诗人、历史学家郭沫若称赞为"中国第一首工业题材诗歌"。我们可以结合农耕文明、青铜文明、工业文明和铜陵悠久灿烂的铜文化进行深入系统研究。

而李白在《宿五松山下荀媪家》这首诗中所表达的情感和创作风格更是与我们所熟悉的豪放、浪漫、飘逸相距甚远。"我宿五松下，寂寥无所欢。田家秋作苦，邻女夜舂寒。"四句诗整体都是一种冷色调，淡淡的同情与忧愁跃然纸上。"跪进雕胡饭，月光明素盘。令人惭漂母，三谢不能餐。"更是将诗人李白的悲悯情怀、平民意识和人本思想表达得淋漓尽致。传神般地写出了诗人在侧耳倾听之际内心的孤寂，以及对邻女夜春辛勤劳作的悲悯。李白与邻家女、荀媪近距离接触、交往，被他们勤劳贫困而又不失尊严的生活态度和热情好客的真诚朴素所感动。在这首朴素得像水一样莹澈透明的诗里，李白一贯的豪纵不羁之气、傲视权贵之概，都让位给了对五松山老媪和农村生活的真挚感动和关切。这无疑是一首经典中的经典之作。

保护也好，开发和推广也好，都离不开李白诗歌与五松山文化之间的这个"本"。我们可以借鉴外地好的做法，创作一批以李白与五松山文化为主题的优秀文艺作品，如黄梅戏、传记文学、电视剧、广播剧、微电影、动漫、情景再现式演出等；定期举办李白与五松山诗歌朗诵会、经典诵读和原创诗歌并重，面向青少年和广大游客推出一批音视频作品；与中国李白学会合作举行李白与五松山文化学术研讨会，推出一批学术研究成果。

三、铸魂育人，强化传承、研究、传播李白与五松山文化的"核"

要立足于贯通城市文脉、赓续城市记忆、增强文化自信。要进行立体化、全媒体阐释与传播，用现代话语体系讲好李白与五松山的故事，用互联网思维进行创新表达。具体要做到"六个纳入"，即一是纳入铜陵市"十四五"文化改革发展规划纲要和年度目标任务之中，认真做好规划和年度实施重点任务的计划，市和县区财政予以适当财政投入保障；二是纳入市和县区地域特色文化传承重点工程项目之中，分年度实施一批重点项目；三是纳入市政景观建设和城市雕塑设计规划当中，由市行政管理执法部门和住建部门牵头，分年度在市民广场、街心公园、游园、湿地等公共场所，差异化制作设立李白雕像和五松山文化城雕小品等；四是纳入全市青少年学生优秀传统文化传播工程，使李白与五松山文化在全市城乡各级各类学校进校园、进课堂，可编印《千载诗城五松山》《诗仙李白与五松山》等乡土教材和动漫系列作品；五是纳入内宣、外宣、网宣传播体系。在市直主流媒体和新媒体开设专栏、专题、专页，持续加大宣传报道力度，生动讲好李白与五松山文化的故事，进一步提升铜陵的美誉度和知名度；六是纳入文化和旅游融合发展规划纲要，精心设计一批李白与五松山文化的精品旅游线路和研学游线路，把散落在市县区的李白与五松山的"文化遗产"和人文景点"珍珠"串点成线，点石为金，持续放大融合效应。

五松山，因李白而誉满天下；李白，因五松山而让铜陵人格外景仰。让我们踏着大诗人的足迹，去发掘那从古至今的"美好"，去感受那一份独特的"诗和远方"。

李白与五松山

朱益华

在李白生活的时代，还没有"铜陵"这个地名（以下叙述姑且称为"铜地"）。那时候铜地隶属唐帝国江南西道宣州南陵县。李白一生中至少三次到过铜地，并且在这里生活过。他曾经从这里迈向官场，不久他又回到这里，回到了铜矿冶夫、桑麻田家当中。所有这一切都是李白在诗歌里告诉我们的。

《李太白全集》里有《铜官山醉后绝句》："我爱铜官乐，千年未拟还。要须回舞袖，拂尽五松山。"唐代南陵县的铜官山、五松山，到了五代南唐时期划归铜陵县，现在属于铜陵市。

铜官山早在汉代就因盛产"善铜"名扬天下，《汉书》记"铜官山"。那时五松山还默默无名，这山名还是后来李白给起的。今天，我们走在铜陵市的长江路上，抬眼就是铜官山。若问五松山在哪儿，那没法回答。因为五松山作为山的形态已经不存在了。它只存在于李白的诗歌以及后代的诗文中。南宋《舆地纪胜》说五松山在铜陵县南；明朝和清朝的《铜陵县志》说五松山在县南四里。李白吟唱五松山的诗歌说五松山在铜官山西边五六里的地方。这些记载已经足够让我们确定五松山的大致范围了。今天，我们站在铜官山上朝西边五六里的地方观察，隆起的山岗上坐落着铜陵市第三中学、铜陵市广电局、五松山宾馆、铜陵有色金属集团的办公大楼，山岗的终端恰好落在天井湖宾馆。那地方正好处在原铜陵县城（现为义安区）"南四里"。千年时光，沧海桑田。李白笔下的五松山已经融入了现代城市风光！

李白一生好入名山游。他来铜陵就是专程来游铜官山和五松山的吗？显然不是。铜官山是开矿炼铜的地方，五松山当时连名字都没有。要想搞清楚这个问题，就有必要理一理李白的家庭生活情况。李白是有家室的，他到铜陵的起因是想把家眷安置在这里——安置到唐朝南陵铜地。

李白 25 岁出四川，27 岁在湖北安陆成家，娶许氏。生养女儿平阳，儿子伯禽。10 年后他把家搬到山东任城，也就是今天的济宁。大约在开元末年，李白 40 岁或 41 岁的时候，他把家眷迁到了南陵铜地。至于为什么要迁到江南，他本人没有留下文字材料。有学者结合相关资料推测：一是家庭发生重大变故（夫人许氏病故），二是李白续娶了南陵籍的刘氏，三是李白急于安顿年龄尚幼的儿女。李白在这个时期有一首非常重要的诗作向我们透露了一些情况，同时也体现了他人生历程中的一次重要机遇。这首诗就是《南陵别儿童入京》。

白酒新熟山中归，黄鸡啄黍秋正肥。

呼童烹鸡酌白酒，儿女嬉笑牵人衣。

高歌取醉欲自慰，起舞落日争光辉。

游说万乘苦不早，著鞭跨马涉远道。

会稽愚妇轻买臣，余亦辞家西入秦。

仰天大笑出门去，我辈岂是蓬蒿人。

李白同时代的几位友人都说李白在天宝元年奉唐玄宗诏请，进京担任"翰林供奉"一职。史书也是这样记载的。由此推断此诗作于天宝元年（742 年），李白当时 42 岁。

李白能够被皇帝选中的原因，我们在此暂且不谈。但是身为社会底层一介平民百姓，一步登天成为皇帝身边的近臣，搁在任何人身上都会高兴得发狂。他的这股高兴劲淋漓尽致地表现在这首诗歌中。地点在南陵山中家里。人物有牵衣撒娇的女儿平阳、儿子伯禽；有做杂事的家童丹砂；还有一位总是不能理解李白的现任妻子刘氏（有学者指出"愚妇"即喻此人）。这首诗告诉我们，李白在进京之前就已经把家眷从山东迁到南陵铜地山中。看来他家人口不少，粮食丰足，用黍饲养家禽，想吃鸡想喝酒都有现成的。总之这是一户自给自足的农耕之家。

也许有人会问，唐代南陵县的范围那么大，为什么认定李白"仰天大笑出门去"的这个家就在南陵铜地？

《李太白全集》里十三首涉及南陵的诗歌，绝大部分写的是铜地的景物。

现将这十三首诗目开列如下。（引自《李太白全集》清·王琦注，中华书局1981年版）

《南陵别儿童入京》（卷十五）；

《酬张卿夜宿南陵见赠》（卷十九）；

《与南陵常赞府游五松山》（卷二十，诗题下有"原注：山在南陵铜井西五里，有古精舍"）；

《铜官山醉后绝句》（卷二十）；

《于五松山赠南陵常赞府》（卷十二）；

《书怀赠南陵常赞府》（卷十二）；

《答杜秀才五松山见赠》（卷十九，诗题下有"旧注，五松山，南陵铜坑西五六里"）；

《五松山送殷淑》（卷十八）；

《纪南陵题五松山》（卷二十二，诗题下有"一作《南陵五松山感时赠别》，山在铜坑村五里"。请注意此处出现了地名"铜坑村"）；

《江上答崔宣城》（卷十九）；

《赠刘都使》（卷十一）；

《宿五松山下荀媪家》（卷二十二）；

《南陵五松山别荀七》（卷三十）。

诗人以诗歌向我们展示了他居家"南陵山中"的地望在铜地。他笔下8世纪的南陵山川景物，即10世纪铜陵的山川景物。后世学者注释李白诗集时，把涉及五松山、铜官山、炼铜内容的11首诗均注明创作于铜陵。

唐朝末年，朝廷对南陵县行政区域进行过一次调整，从南陵县划定五个乡成立义安县，到五代南唐保大九年（951年），义安县更名为铜陵县。铜陵县在今天已经纳入铜陵市区。境内多山，濒临长江，盛产铜矿。历史上，正因为诗人生活在这片区域，所以笔下写的都是他熟悉的环境。

请注意李白诗题下的"注"，它们极有可能是李白自注或者唐人作的注。这些注释都被后世抄书人和刻印者保留传递。它的价值是保留着地域和地名的原始信息，从而折射出诗人的生活状态。例如，"原注：山在南陵铜井西五里""旧注：五松山，南陵铜坑西五六里"等。"铜井"是铜陵古地名，历代铜陵县志有记载，位于今天的狮子山区域。"铜坑"是唐代对产铜单位的专用称呼，犹如现代的"铜业公司"。李白笔下的铜坑就是铜官山铜矿所在地。考古工作者曾经在铜官山西麓罗家村发掘出汉唐冶炼遗址，遗址内有大量的铜炼渣。

我们还从地方志里发现了李白寓居铜地——铜陵的记载，是很重要的记载。

其一是明朝嘉靖四十二年（1563年）编修的《铜陵县志》有这样的内容：唐至德年间，李白"筑室于五松山"。

其二是清朝乾隆丁卯年（1747年）编修的《铜陵县志》记载：李白在开元间游贵池、青阳，侨寓铜陵。这个记载让人联想他是从铜陵"仰天大笑"辞家前往京城的。

天宝三年，"赐金还山"的李白离开京城长安在黄河流域一带游历，往北甚至到达过幽州（今北京地区）。天宝十年之后，他又来到江南，在宣城、南陵、当涂、秋浦、泾县、青阳一带游历。其间，他的家庭生活也有变化。据魏颢编的《李翰林集》序言："又合于刘，刘决。次合于鲁一妇人。"看来李白同南陵刘氏分手后，与山东一位妇女结成婚姻关系。如此说来，他的家又搬回山东。至于这次家庭变故是发生在他离京前还是离京后，已经无文字可考了。不过有一点非常明确，天宝十三年（754）他再次来南陵铜地。

天宝十三年秋天，李白在南陵县县丞（县丞，唐人称赞府，略同副县长）常建的陪同下专程来游铜地，这时的李白已54岁。既然家已经不在这里了，为什么还不顾鞍马舟船劳累到这个专事采铜炼铜的地方来。一千多年来，人们忽略了一个重要事实，一个李白曾经把家眷安顿在铜陵的事实。进京前，他拖儿带女把家从山东搬来南陵铜地，结识了这里的乡邻，醉卧过铜官山，欣赏过炼铜炉升腾的紫烟，还在铜官镇江边送过友人。十二年后既然回到了江南，再回到过去住过的地方走一走看一看是人之常情。与十二年前不同的是，这时的李白身上镀上了一层"赐金还山"的光环。因此，南陵县的官府比较重视李白来游，专派一位县丞陪同。

李白这次回铜陵最值得一提的是游览了一座无名山，并且为其命名。他说山上有棵巨大的古松，长得古拙奇特。奇特之处就是粗大的主干之上生长的五根枝丫像五条灵动的虬龙，凌空腾展。古松高接云天，即使行船江上，也可望到形同华盖般的树冠。他对这棵古松充满了好奇，问了一些上年纪的老人，谁也讲不清这树的历史，再问这山叫什么名字，也都说不上来。李白感叹道："我来五松下，置酒穷跻攀。征古绝遗老，因名五松山。"（《与南陵常赞府游五松山》）他以五枝古松命作山名。自此，五松山之名大显于天下。

李白一生只为两座山命过名。一是南陵铜地五松山，二是青阳九华山。也是在天宝年间，李白游青阳九子山之后提笔写下了一段文字，大意是：这山上九座山峰状如九朵莲花，但是为什么以"九子"命名，我查不到依据，司马迁到南方考察，也没有提起它，老一辈的讲不清九子山的来历，又不见名人为它作赋吟诗和记述。于是，我改九子山作九华山。

李白为"高数千丈"的九华山命名，尚在情理之中。他为铜陵这么一座小山命名，只能说明他对铜陵山水情有独钟。古代已经有人注意到了这一点，例如明朝万历年间学者胡震亨说："是五松非山本名，乃太白所名，亦如名九华也。"

此时，寄情于山水的李白与"别儿童入京"时的李白相比，政治上更趋成熟。他自被当作"另类"排斥出京城以来，一路上看到的和听到的，让他感到不安。特别是游历幽州期间，他透过一些现象，隐约感觉到边将膨胀的野心。李白毕竟在朝廷工作过，具有一定的政治辨别能力。他把这些感受用诗歌唱出来，希望达于上听。但是人微言轻，他的感受没有引起朝廷的注意。实际上当时反映范阳节度使情况异常的不止李白一人，可是沉迷在大唐盛世光环里的统治集团是听不进去的。李白怀着失意"逐臣"心情，来到江南，回到铜陵。报国无门就独善其身吧。他对陪同的常赞府说："为草当作兰，为木当作松。兰幽香风远，松寒不改容。"（《于五松山赠南陵常赞府》）。他们这次可能还要到别处去，因此在铜陵逗留的时间不长，很快便离开了。李白人虽然离去，但心对这片土地恋恋不舍，甚至流露出还想再来、终老铜陵的想法。他说"龙堂若可憩，吾欲归精修"（《与南陵常赞府游五松山》）。

转年，李白真的来了。

时在天宝十四年（755年）夏季，李白这次来没有马上离去，而是在五松山住了下来。

这时的唐帝国笼罩在一片升平景象中，酒借诗酣，诗凭酒兴，上流社会依然沉迷在诗与酒的世界里。江南一带使用的酒壶中，以长沙窑烧制的执壶最能迎合文人雅士的喜好。工匠们把朗朗上口的诗句写在壶身上，凸显了诗与酒的乐趣。例如："终日如醉泥，看东不辨西。为存酒家令，心里不曾迷。"别看我酒醉，心里明白着来，用心记住了酒令的句子，再行酒令赌酒就不会出错了。"二月春丰酒，红泥小火炉。今朝天色好，能饮一杯无。"邀客围炉饮酒，吟诗助兴，其乐融融。

天宝十四年夏季的某天晚上，李白在五松山住处摆酒招待殷淑，是饯别酒，只有他们两人对酌。"载酒五松山，颓然《白云歌》。中天度落月，万里遥相过。抚酒惜此月，流光畏蹉跎。明日别离去，连峰郁嵯峨。"（《五松山送殷淑》）殷淑与李白是道教中的朋友。殷淑此时正当30来岁，酒量大概也不小。他与年长他20多岁的李白不但在谈经论道上很投缘，在喝酒性情上也很融洽。酒精伴着友情在李白的胸中翻腾："惜别耐取醉，鸣榔且长谣。天明尔当去，应便有风飘。""相看不忍别，更进手中杯。"（《送殷淑三首》）这天晚上他们喝到什么程度——"颓然《白云歌》"。"颓然"是醉态，也是一种境界。醉倒了还在唱西王母为穆天子作的《白云歌》。"两人对酌山花开，一杯一杯复一杯。我醉欲眠卿且去，明朝有意抱琴来。"（《山中与幽人对酌》）。像李白这样的性情中人，面对依依惜别的殷淑，自然有聊不完的话，有喝不够的酒。然而，待他明日醒来时，他的好友已经乘船走了。

李白在铜陵还写过一首著名的醉酒诗，这便是本文开头引用的《铜官山醉后绝句》。诗人以赤子般的情怀坦露对铜陵山水的热爱！他爱铜官山，他爱五松山，他爱这里的山山水水，"千年未拟还"。对一个地方如此直白强烈的喜爱，在李白存世的1100余首诗歌中，《铜官山醉后绝句》是唯一的。

铜官山自西汉设置铜官开采冶炼铜矿以来，到唐朝达到了鼎盛时期，成为朝廷的"钱袋子"。李白以诗人的眼光为我们再现了1200年前铜官山恢宏的炼铜场景。"千峰夹水向秋浦，五松名山当夏寒。铜井炎炉歊九天，赫如铸鼎荆山前。陶公矍铄呵赤电，回禄睢盱扬紫烟。"这是李白居住铜陵期间作的《答杜秀才五松见赠》诗，全诗41句，其中这6句记录了唐代铜陵山川地貌和炼铜场景。

"两岸千峰竞秀，一水奔流，奔向茫茫秋浦河。以五松命名的这山啊，真是个度夏的好地方。"紧接着，诗人把冶炼铜矿这种烟熏火燎的劳动，幻化为神奇景观："炼铜炉熊熊烈焰直冲云霄，多么像冶神火神各显神通扬起的漫天紫烟、吐出的红色闪电。当年黄帝在荆山铸大鼎时轰轰烈烈的场面也莫过于如此吧！"

《新唐书》载录："天下铜坑五十，岁采铜二十六万六千斤。"按唐代一市斤折合597克计算，平均每个铜坑年产铜三吨多，这是理论平均数，铜坑生产能力有大有小。当年铜官山铜坑生产能力有多大，没有文字资料。不过我们可以通过李白的诗歌窥测铜官山铜坑的生产规模。李白《赠刘都使》诗中有这样两句"铜官几万人，净讼清玉堂"。这是令人震惊的人数。唐代天宝年间全国总人口近6000万，铜官山一地竟然聚集了几万人，算得上唐帝国的一个重量级铜坑。几万人在这里生活劳动，必然形成商贸集市，必然有施政管理机构。我们还注意到，唐代南陵县城一千多年来没有移动位置，即现在的南陵县城关所在地。铜官山在它西边60公里左右。这个距离在今天不算什么。在阻隔重重山峦、没有现代公路的唐代，管理起来就不是很方便了。那么，这个施政管理机构是设在铜官山还是五松山？这个疑问也是李白为我们作了解答。他说这里靠江边的地方有个"鹊镇"。他《江上答崔宣城》中有这么两句："树绕芦洲月，山鸣鹊镇钟。"唐代有部地理志，叫《元和郡县志》，里边记载"鹊头镇，在宣州南陵县西一百一十里，即春秋时，楚伐吴，败于鹊岸是也"。鹊头镇是铜官镇的别称。"鹊头山，在县北十里，高耸临江，宛若鹊头"；"南唐保大九年（951），改义安县为铜陵县，移治于今之江浒，即古之铜官镇也"。（《嘉靖铜陵县志》)。《新唐书·地理志》：利国山"有鹊头镇兵"。利国山就是铜官山，系开元年间唐玄宗下诏封的。今天义安区五松镇的前身是古铜陵县城，追溯至汉唐，称铜官镇。

称铜官镇也好，叫鹊头镇也罢，就因为这里有朝廷开采冶炼铜矿的铜坑，所以才有"铜官几万人"，所以才有驻军和施政管理机构。铜官镇位于十里长山尾部，北临长江，南朝铜官山，是长江行船的避风港。傍镇流过的玉带河，外通长江内连湖泊，小舟可以划到五松山下。铜官山铜坑的铜产品，从铜官镇码头经由水路运出去。

天宝十四年秋季，李白离开铜地来到宣城，帮助宣城太守赵悦做些文字工作。十月时，赵悦给时任右相的杨国忠上了一封表书，其文笔就出自李白之手。从江南到京城长安，路途遥远，这封表书送达时，应是十一月了。这是个不祥的"渔阳鼙鼓动地来"的十一月，沉浸在诗与酒里的盛世大唐，被突如其来的战争惊醒了。范阳节度使安禄山起兵造反，打出"清君侧"的旗号，要求惩办奸相杨国忠。叛军一路势如破竹，756年6月攻进潼关，长安震动。唐玄宗率百官逃往四川，半路上命太子李亨任天下兵马大元帅，组织军队平息叛乱。唐玄宗同时又任命几个皇子分别负责有关地区的军事工作，其中永王李璘节制长江中下游地区。孰料太子李亨接过兵权后，立即宣布自己做了皇帝，尊唐玄宗为太上皇。他同时命令李璘等皇子停止军事行动，一律到他那儿报到。李璘认为有父皇旨意，不听从新皇帝的命令，继续引兵沿长江东进。最后在镇江被李亨派兵击溃。

现在我们再回过头来说李白。叛军横扫中原时，他离开宣城向浙江转移，途中折返江西隐居在庐山。其时，李璘的船队从武汉开过来，听闻大名鼎鼎的李白就在庐山，便派人上山把李白请到他军中做幕僚。李白根本不知道统治集团内部的权力斗争，还天真地以为为国家效力的机会来了。结果镇江一战，李璘被捉住杀掉。李白则逃到浔阳（九江）投案自首，被关进浔阳大牢。驻兵浔阳直接负责审查李白案子的是御史中丞宋若思。巧的是此人是李白朋友宋之悌的儿子。李白诗集中有《江夏别宋之悌》诗。案情明摆着李白是稀里糊涂地上了"贼船"，宋若思当然想方设法为李白开脱。他一边向皇帝报告李白被胁迫参加李璘幕僚的前因后果，一边让李白帮他做些文字工作。其中一份以宋若思的口吻给皇帝的表文，就是李白写的。这个表文的题目是《请都金陵表》。表章朗朗近千言，无非阐明一个中心意思，那就是建议皇帝把平叛大本营从贫瘠的西北迁到富庶的江南来，以金陵为战时国都，集江南的财力和物力加速平叛。我们特别注意到在表书措辞中，出现了"铜陵"一词！这个词应该是李白首创。表文写于757年，须知此时距离铜陵县名出现早了194年。表文部分内容如下：

"臣伏见金陵旧都，地称天险。龙盘虎踞，开局自然。

············

银坑铁冶，连绵相属。

铲铜陵为金穴，煮海水为盐山。

以征则兵强，以守则国富。"

190多年后"铜陵"一词被取作县名，也许是受到李白的启发，也可能是巧合。但是有一点必须指出，李白的头脑里之所以能够出现"铜陵"这个词，这与他曾经生活过的铜地有着因果关系。"铜陵"是他首创，前无古人，后有来者，来者便是从南陵县区划出来的铜陵县。

朝廷处分李白的结果终于下达，判处流放夜郎，保住了性命。唐肃宗至德二年（757年）年尾，57岁的李白踏上了漫漫流放之路。然而，这种"西上催人老"的流囚生活仅仅过了一年多，便出现了转机。

759年3月，天下兵马副元帅郭子仪会同九镇节度使指挥60万大军在相州与叛军决战。可是由于军中缺粮，后勤保障跟不上，唐朝军队大败。自758年以来，关中滴雨不下，旱情严重，农作物颗粒无收。

唐肃宗一边祈求上天降雨，一边行善事。这善事里就有一纸大赦天下囚犯的诏书。李白有幸在大赦名单里。

此时，李白已经走到三峡地区。获赦后，他经湖北汉阳回到南昌家中（李白后娶宗氏夫人住此处）。

大约在761年的秋天（有人推测760年的秋天），李白途经铜陵做过一次短暂停留，有他这个时期写的两首诗为证。一首是《赠刘都使》，诗中有这样的句子：

> 铜官几万人，诤讼清玉堂。
>
> 吐言贵珠玉，落笔回风霜。
>
> 而我谢明主，衔哀投夜郎。
>
> 归家酒债多，门客粲成行。
>
> ……
>
> 所求竟无绪，裹马欲摧藏。
>
> 主人若不顾，明发钓沧浪。

李白一生没有固定收入，离家游走在外全凭超群的文采和名气获得友人资助。以《赠刘都使》诗意度之，他同这个刘都使早先就熟识。他说遇大赦归来，许多熟人和朋友登门看望，以致靠赊借去招待他们，你刘大人如果不给予帮助，那我只得去别处了。看来，这个刘都使没有给李白多少接济，结果还是五松山的老乡亲接待了衔哀归来的李学士。为此李白感慨不已，他在铜地写的《宿五松山下荀媪家》是解读李白与铜陵情结的一首极为重要的诗歌。现将全诗照录如下。

> 我宿五松下，寂寥无所欢。
>
> 田家秋作苦，邻女夜舂寒。
>
> 跪进雕胡饭，月光明素盘。

令人惭漂母，三谢不能餐。

历来评家大多就诗论诗，有些评家只知其然不知其所以然。设问李白因何眷眷于铜陵？因何在垂暮之年流连于五松山？不了解李白曾经游于斯、家于斯、醉于斯、仰天大笑出门于斯，就只能做片面的解答。

李白熟悉这里的一草一木，村里人也都认识这位大名鼎鼎的李学士。在这深秋清冷的夜晚，各家各户还在辛勤忙碌。隔壁荀家，低矮的院墙那边，一位农家姑娘站在石臼旁吃力地舂谷子。晚饭时，荀妈妈给李白端来雕胡米做的饭，李白久久不忍下咽。他深知盘中饭食在当下异常金贵。连年战乱使国家元气大伤，青壮年大多上了前线，土地大量抛荒，征兵征粮的命令仍在不断下达。中原地区的难民还在不断朝江南涌来。昔日的鱼米之乡，凡是能果腹的都被寻来充饥。李白不忍下咽的雕胡米饭，其实就是野蒿瓜籽做的。历代注家注解雕胡米为菰米。菰，又称茭白，铜陵沿江一带叫蒿瓜，是老百姓爱吃的蔬菜之一。不过，作蔬菜吃的蒿瓜不结籽。结籽的是野生蒿瓜，秋天抽穗。每穗结籽若干粒，颗粒比稻粒瘦小，褐色皮壳包裹白仁，须用石臼舂去皮壳。李白邻女在石臼里舂的大约是此类瓜籽。这种植物生在湖滩地，一个人采集一天，不够自己饱肚子。这些情况李白了解，所以他接过荀妈妈递上的雕胡米饭，心中充满了感激之情。

五松山留给李白的感慨实在太多了！

此番宋若思举荐他去李光弼的幕府，又点燃了李白心中建功立业的梦想。他信心满满地离开五松山取道金陵准备北上时，不料在金陵病倒，只得来到当涂县令李阳冰的府上养病。李阳冰长一辈，李白称其为族叔。

762年11月，62岁的李白在当涂病故。巧的也是这一年，唐玄宗唐肃宗父子相继病故。太子李豫继皇位，史称唐代宗。763年，唐代宗从民间选拔人才，诏请李白进京担任谏官（拾遗）。诏书送达当涂县时，李白已经去世好几个月了。

李白死后葬在当涂县龙山脚下的田畈里。过了55年，他生前一位友人的儿子范传正，担任宣城、歙州、池州观察使。他命当涂县令查访到李白墓，将葬在低洼田畈里的李白坟迁到10里外青山脚下一处向阳的地方，并命当涂县令安排专人看守、祭扫。这大概是李白祠堂的开端。

铜陵的李白祠堂建在五松山。据已经掌握的资料，李白祠堂建造时间最迟不会迟于北宋。我们可以从尚书右丞、抗金名将李纲诗里得到确证。李纲于靖康二年（1127年）路过铜陵，登五松山作《游五松山观李太白祠堂》诗。据他所见，太白祠堂供李白像。南宋中期，诗人戴昺游五松山凭吊李白，写有《五松山太白祠堂》诗。诗中说"一间老屋战西风"，看来此时的太白祠堂比较破败了。元朝初年，五松山李白祠堂因战乱完全毁掉。元朝至元年间，县令方浚在五松山李白祠堂旧址重建太白祠堂。150年后塌掉。明朝弘治年间，铜陵县有个叫袁思琼的士绅捐资修建李白祠堂。这次扩大了建筑规模，建正房三间，还围了一道院墙，大门匾额书"李白祠"。进入清代，李白祠堂再次扩建。据咸丰年间铜陵人夏思钿《春日游五松山登太白楼》诗，我们得知这时五松山建有太白楼。

为有李白名五松，天下驰名五松山。为怀念诗仙，过往文人墨客大都在铜陵五松山留下了凭吊的足迹。五松文脉昌盛不衰，它的根系甚至延展到铜陵谱牒文化。铜陵百姓修家谱，自古至今均冠以"五松"，如《五松某氏宗谱》。从往昔的"五松书院"到以"五松山"冠名的宾馆、影剧院、道路、居民村比比皆是。研究李白，绕不开铜陵；研究李白诗歌，绕不开铜官山和五松山。

"我爱铜官乐，千年未拟还。"一千多年已经过去，李白好像没有离我们远去，没有离开铜官山。

悠悠铜官三千年

唐福昆

铜陵——以铜工业而兴建起来的城市，她以完整的铜工业发展历史构成自己的城市文化背景和城市底蕴，是著名的古铜都。

图1　铜陵博物馆

当然，青铜文化，博大精深，三千年开采冶炼铜矿石的历史如同奔腾的长江川流不息，悠久丰富的青铜文化如同大海浩瀚无涯。

一、铜官山的骄傲

铜官山是铜陵城区最高的一座山，海拔493.1米。铜官山的钟毓之气在于它脚下丰富的铜矿资源，以及历史上西汉元封二年朝廷在此首设"铜官"。"铜官"的设置距今已二千多年了，铜官山的名字由此而得。

熟悉中国地理的同志可能知道，中国以铜官为名的山或地方不止我们铜陵一处，浙江、江苏各有一座铜官山，还有铜官县、铜官镇。这些地方的得名与铜、"铜官"有联系吗？应该说有。铜是人类社会发展过程中，人类所认识、掌握、使用的第一种金属。人类使用铜，是一件相当了不起的重大事件。先人在选择石料时认识了铜矿石，在烧制陶器时积累了原始的冶炼技艺。经历了一个漫长的历史时期后，青铜技术逐渐完善和成熟，人类进入了青铜时代。

青铜时代最显著的特征是金属制品大都是青铜的，虽然其间有少量的黄金，但黄金多是天然的，人工冶炼的少。青铜文化是中华民族传统文化的源头之一，是民族传统文化的重要组成部分。现代与远古，血脉是相同的，文化是相延的，心灵是相通的，所以我们面对远古的青铜，崇敬之情油然而生。

青铜文化不是地方文化，青铜文化是中华民族共同创造、共同享有的宝贵的历史文化遗产和文化资源。古代铜矿主要分布在哪里呢？按《尚书》的记载，商代时天下分为九州，铜主要产于南方的扬州。从《九州示意图》上我们可以看出，古扬州就是包括我们铜陵在内的南方地区。按现代行政划分来看，中国古代主要产铜区集中在浙江西部、安徽南陵、铜陵、江西、湖北、四川这样一个产铜带上。

铜陵铜官山的采铜活动开始的时间不迟于春秋年间，历经唐宋元明清，一直到现在，三千年没有大的中断。但有些地方的铜资源枯竭了，春秋或秦代以后不再产铜。古时产过铜，留下了铜官的地名，后来不产铜了，久而久之，当地人都不知道本地为什么叫铜官了。于是以讹传讹，说是源于天赐铜棺。据说当时有个清廉的官员，死了之后买不起好棺材，他的事迹感动了上天，于是天上掉下口铜棺材，因此这里叫铜棺。因棺材不好听，改叫了铜官。宜兴的铜官山，长沙的铜官镇都有这样的传说。这些地方以铜官为名但又不产铜了，在中国青铜文化史上就断了一个环节，它的地位以及重要性也就受到了影响。

汉武帝以前，铜的开采冶炼允许民间资本介入，铜币的铸造可以由民间来做。汉武帝时收盐铁为官营，收铸币权于中央，为后朝后代开了中央集中铸币的先河。

铜陵铜蕴藏量大，产量大，是知名产地。这里是重要的铜产地，因此汉武帝才在此设置铜官。

铜陵"铜官"的设置是中国古代冶金发展史上的一个里程碑，是中国古代铜工业兴旺发展的奠基石，是铜工业走上正轨的分水岭。

二、铜官的设置

青铜时代在公元初年结束，继而进入铁器时代。青铜时代作为一个时代结束了，但青铜的使用却在相关领域获得了长足的发展，在某种意义上可以说是空前的发展。汉代以后，青铜的使用集中于货币的铸造和日用品的制造。皇室诸王及官僚喜爱精美的铜制器皿，如铜镜、铜灯、铜熏炉等，近年有大量汉墓被发掘，有些汉墓几乎是一个博物馆，让我们看到了琳琅满目的汉代铜制品，看到了中国历史文化辉煌的结晶。

众多青铜器中，铜币一直使用和流通到清代中期，直到国外机制币技术传入，铜铸币才完成它的历史使命。它和铜镜一样，是中国使用时间最久的青铜器物之一。

秦始皇统一中国后，统一了货币，严格地说，他只是统一了铜币的式样、重量，但没有统一铸币权。朝廷、官宦、百姓都可以铸，铸了都能参与流通使用。秦代的钱叫秦半两，半两是重量单位，在当时铜是货币的等价物，铜币只是铜的一种样式。因此，这个时期谁铸币并不重要。你可以把一大堆铜币镕铸成一个铜疙瘩收藏，以后需要时再铸成铜币。

汉高祖刘邦即位之初，"以秦钱重而难用"而改铸八铢钱，同时允许民间铸钱。这里有两个问题：第一，允许私铸，就必然会有不法之徒用减重或降低成色等手段来牟取暴利，于是粗劣钱币乘虚而入，造成流通中主流货币的不断贬值。第二，"铢"是秦汉年间的重量单位，一两为二十四铢。秦半两为十二铢，汉代初年的钱虽然每枚法定重量为八铢，但货币单位仍然是"半两"，货币严重贬值。而随着铸币偷斤短两现象的猖獗，朝廷采取的措施却是妥协，只是单纯地改变货币单位，汉文帝时宣布改八铢钱为四铢钱，汉景帝时又改四铢钱为三铢钱。但是无论八铢钱、四铢钱还是三铢钱，面额都还是"半两"，继续当"十二铢"流通使用。三铢钱就能阻止偷斤短两吗？当然不能。此时的政策还是"令民纵得自铸钱"，大家可以想象会出现什么样的后果。

一部中国铜钱史，也是一部中国古代经济史，国家的盛衰强弱，人民的贫富及生活水平状况无不与货币相关。凡币制健全、币值稳定的朝代，其国力必强，民生必富；如币制紊乱、币值不稳，其国力必弱，民不聊生。在铜币的铸造上，精良或粗劣、厚重或轻薄等也反映了当时财政收支的盈亏、政治的兴衰及国家的强弱。

因此，汉武帝进行了以货币改革为中心的经济改革。即：罢三铢钱，更铸五铢钱，禁郡国铸钱，专令上林三官鼓铸，改鄣郡为丹阳郡，在丹阳郡设置铜官。

公元前118年，罢三铢钱，更铸五铢钱，是推出国家标准版本，这是政策层面上的措施。汉武帝的五铢钱和前文说的八铢钱、四铢钱、三铢钱有本质上的不同，五铢钱的货币单位不再是"半两"，而是以重量作为货币单位，货币单位与货币重量相一致，五铢钱就重五铢。此改革的意义是重大的，但可能不太奏效，或者说效果不理想，还是没法绝对制止私自造币活动。于是公元前115年，汉武帝再次改革币制，禁郡国铸钱，专令上林三官鼓铸，三官各司其职。这不仅把铸币权收到中央，而且推出了国家货币的标准版。上林三官分别为"辨铜""技巧""钟官"，简单地说："辨铜"是管铜的成色的，铜的特点之一是含不同的合金成分会呈现不同的颜色，通过颜色可以判断铜的纯度；"技巧"负责铸造工艺，对铜币的外观、文字的清晰度等进行控制；"钟官"负责对出厂的每一枚铜币进行重量的检验。这样一来，民间铸币的难度增加了，造币成本提高了，民间铸币在市场上容易被识别出来，这在一定程度上抵制了私铸币。

这些改革措施在一定程度上抵制了私铸币，但也还不能完全抵制。边远地区或势力很强的地方会强行使用自铸币。因此又过了6年，即公元前109年，改鄣郡为丹阳郡，并在丹阳设置了铜官。此举的目的在于从原料上入手，加强中央对铜产地的管理与监控，对铜原料的监控，丹阳产铜专供铸币，其他器物用铜以回收的旧杂铜为主。

汉武帝的这三步棋是步步紧扣的，也是随着斗争深入而不断采取的措施。从这一系列改革措施可以看出汉武帝的良苦用心。

收铸币权于中央不是一纸公文就能解决问题的，这是一场斗争，这是中央与地方、官方与民间的权益之争。集中铸币权，就要对铜产业加强管理，要有专人来管，于是就有了铜官。

中国古代币制改革最成功、货币使用时间最长的，是汉武帝时确定的五铢钱。

五铢钱之所以能够受到社会的广泛认同，原因主要有三：其一，五铢钱币值适中，符合货币流通规律；其二，五铢钱由朝廷统一铸造，工艺精良，防伪措施妥当，"民之铸钱益少，计其费不能相当，唯真工大奸乃盗为之"，因而为百姓所信用；其三，汉代制定严格的法律打击盗铸者。在这样的历史背景下设置铜官，更感到铜官责任的不寻常。

从汉代开始，朝廷的各种档案开始完善了，《汉书》《后汉书》对朝廷官员的职位俸禄都有记录。由于时间久远，留给我们的铜官史料实在是太少了。在浩如烟海的汉代史料中关于铜官的记载只有六个字："丹阳郡有铜官。"（《汉书·地理志》）古人惜墨如金，而现在我们看来更是字字千金。

三、铜陵自古产铜

刘濞是刘邦的亲侄子，是刘邦哥哥的儿子。年轻时曾参加过平息淮南王英布的叛乱而立有战功。据说此人长得高大魁梧，面相凶猛，十分威武。

刘邦建立汉朝后，先是封了有战功的将领为王，然后对异姓藩王又一一翦除，开始封同姓子侄为王。当时东南方的那片领土离京城远，鞭长莫及。另外这一带与当时的古越人为邻，越人十分凶猛，因此需要一个铁腕人物去管理。于是刘邦就想到了刘濞。刘濞被封为吴王。

吴王辖三郡，从汉代地图上可以看出：这三个郡，相当于今日浙江大部、江苏大部、皖南地区及江西大部。这片领地占了汉代当时领土的四分之一左右。三郡五十二城，号称纵横三千里。这时铜陵是在吴王的统治区。

铜官山古名藉山，又名即山；史书说吴王"即山铸币"中的"即山"，就是铜官山。

李白有一首题为《铜官山醉后绝句》的诗，说明唐代已有铜官山这个名字了。唐代以前铜官山叫什么，现在已基本上无从可考。因此说铜官山原名"即山"，这是一种没有确切根据的说法。

吴王刘濞是在哪儿采铜呢？肯定地说，吴王的即山是包括铜官山（当年不是这个名字）在内的，或者说吴王"即山铸币"中的"即山"就是以铜官山为主的铜陵地区。其原因主要有以下三个方面：

第一，铜陵在汉以前就是重要的产铜地。

铜陵地区出土过商代青铜器，著名的有饕餮纹爵和饕餮纹斝。这两件青铜器都是商代前期的遗物，1983年12月出土于西湖镇童墩村，是铜陵也是整个皖南地区迄今发现的两件年代最早的珍贵文物。从这两件青铜器的纹饰和器形来判断，所属年代都为商代前期。两件器物的表面都呈铁锈色，显然是含铁较高，这和铜陵出土的铜鼎、编钟等青铜器都有铁锈现象相吻合。铜陵矿体中的铜矿石含铁品位比较高。再联系到铜陵境内众多的古铜矿遗址和出土的铸铜石范来看，说明就是当地所铸。另外铜陵还出土过西周时期的青铜器：如龙柄盉、兽足弦纹瓿、云纹雷鼎。这些是铜陵开采冶炼铜三千年历史的见证！（见图2饕餮纹爵）

图2　饕餮纹爵

从史料看，夏禹分天下为九州，铜陵属古扬州，古扬州是当时铜的主要进贡地。周天子屡屡伐夷，金道锡行，就是要打开南方进贡铜料的绿色通道。扬州在哪采铜呢？一是浙江莫干山地区，二就是铜陵。但莫干山地区一直没形成大的规模，铜陵是主要采铜区。

铜陵是产铜重地，吴王是个爱财如命的人，铜陵在他的地盘，他是不会让这个风水宝地闲置一旁的。这是理由之一。

第二，浙江、江西的采铜地在春秋以后就逐渐枯竭了，吴王不在铜陵采铜还能在哪儿采呢？

吴王所辖的三郡五十二城的确是有好几个产铜的地方，按现在的考古成果来看，除铜陵外，还有浙江的莫干山、江西的西山等，这些地方都有吴王即山铸币的传说。除铜陵外的其他地方铜量储存都很少，采铜规模也不大，有些地方早已不再产铜了，吴王不在铜陵采铜，是不足以让他积累富可敌国、富埒天子的财富的。

汉景帝削吴王的蕃，目的是削弱吴王的经济实力。会稽郡产盐，削了；郭郡产铜，削了，这是打压他财政实力的釜底抽薪式的措施。

第三，汉武帝把郭郡改名为丹阳郡，丹阳郡没有包含莫干山，并设了当时唯一的铜官。说明莫干山在当时已不是重点采铜之地。由此我们可以推测：古铜陵就是吴王刘濞重要的采铜地。

吴王采铜是在先人采铜基础上的继续，汉代设铜官，是使铜陵地区采铜业健康发展的重大举措。铜官的设置，是铜陵开采冶炼铜三千年历史中光彩的一页、炫目的亮点！

四、铜官的历史文脉

铜官不是官职，也就是说这不是官名，而是当时行政机构的名称。铁官、盐官也是这样。

汉代的铜官是朝廷的派出机构，这个机构设置在郡，负责采铜业的具体事务，对地方事务不插手。它归中央直管，对中央负责，但机构中官员的工资和福利待遇却由地方发给。

有这样一份材料，是从尹湾汉墓中出土的汉简《东海郡吏员簿》。两千年前的汉简能保存到现在是非常不容易的，因此这份材料就极为重要。

汉简《东海郡吏员簿》记录了东海郡太守府、都尉府和三十八个县级地方行政单位的吏员编制情况，同时还列出了盐官和铁官的吏员编制情况：

伊卢盐官，吏员卅人，长一人，秩三百石，丞一人，秩二百石，令史一人，官啬夫二人，佐廿五人，凡卅人。

北蒲盐官，吏员廿六人，丞一人，秩二百石，令史一人，官啬夫二人，佐廿二人，凡廿六人。

郁州盐官，吏员廿六人，丞一人，秩二百石，令史一人，官啬夫一人，佐廿三人，凡廿六人。

下邳铁官，吏员廿人，长一人，秩三百石，丞一人，秩二百石，令史三人，官啬夫五人，佐九人，亭长一人，凡廿人。

由上我们可以看出三个情况：一，只有伊卢盐官和下邳铁官设有三百石的长，其他的盐官和铁官则只设秩次较低的丞及下级属吏。盐官和铁官的行政长官有长、丞之分，待遇也不同。二，长一人，秩三百石，丞一人，秩二百石。三，铁官、盐官都有二十到三十个编制。

依据以上内容，我们可以分析、推断一下丹阳郡铜官的基本情况。

铁官有大有小，怎么区分大小呢？据当代学者考证：是产铁地的就设大点的铁官，不是产铁地的就设小点的铁官。

《后汉书·百官》："其郡有盐官、铁官、工官、都水官者，随事广狭置令、长及丞，秩次皆如县、道，无分土，给均本吏。"这段话中的"随事广狭置令、长及丞"很值得研究，"随事广狭"就是根据事务的多少而分别设置行政长官的职位，职位分三种："令""长""丞"，最高级别的是令。丹阳郡是汉代重要的产铜地，而且铜官又只设一个行政长官，因此就可能设"令"或是"长"了。

鄣郡及以后的丹阳郡人口有限。秦汉时，县户过万者长官称令，不过者称长，终西汉之世，未见丹阳郡诸县有称令的。由此我们判断铜官行政长官职位不是"令"而是"长"，因为县都没有"令"，铜官为"令"的可能性也不大。

即便是铜官长，职务也是不小的。铜官长的秩是三百石，与县长的秩是一样的。

铜官里也会有二十到三十个编制。铜官长所领导的干部分别是丞、令史、官啬夫、佐等。"长"是工官中主要的行政负责官员，"丞"是长的副职，长和丞的地位与待遇分别相当于县长和副县长。"令史"则是掌管文书的官吏。官啬夫：掌管生产的官吏；佐：是具体办事的官吏。西汉地方工官包括：管理行政的令、丞等官员；管理生产的啬夫和佐，以及承担具体生产劳动的工；执行对工官监督责任的护工卒史，他们一般是从上面或别的机构派遣而来。

盐铁官署可能隶属于大司农，而工官、服官、铜官则由少府控制，是中央政府的派出机构。

采铜冶铜的工人由官奴、服刑人员、每年服徭役的人员等组成，有十万人左右。

既然铜官是个官衙，那就应该有办公的地方。当时的衙门多称"府"，如"太守府""都尉府"，铜官的衙门也应该叫"铜官府"。铜官府应就设在现在铜陵县的五松镇。

古时交通以水路为主，五松镇近江，铜料可就近用船运输。

另外，除了铜官镇（今五松镇）之外，其他地方没有一点铜官活动的痕迹。唐代李白在诗中多次提及铜官镇，镇以铜官为名，附近还有铜官渚，这些都可以看出铜官镇与铜官的活动有关。如果铜官府不设在此处，后来又以铜官为镇名，那就一点道理也没有。

当时丹阳郡的农业生产远比长江以北的庐江郡、九江郡等落后。史书上关于丹阳郡辖十七县生产活动的具体记录很少。这里有几个记载，从中可以看出当时丹阳郡的落后。

东汉初，昆阳侯傅俊死，其子傅昌徙封芜湖侯。当时芜湖属于丹阳郡。傅昌给汉明帝上书："以国贫不愿之封，乞钱五十万，为关内侯。"这是说：那个地方太穷了，所以我不想接受皇上的赐封，你给我五十万枚铜币，我当个关内侯就行了。

按《汉书·百官公卿表》载，秦爵分二十等，十九为关内侯。颜师古注："言有侯号而居京畿，无国邑。"俗话说："宁为鸡头不为凤尾。"但傅昌宁愿朝廷给予少量的钱，自己在中原内地营生，也不愿去芜湖，不要封地，放弃皇上赐给他的"鸡头"，就能反映出两汉时丹阳地区的落后。

马援受到不公正待遇，他的子孙"防及廖子遵皆坐徙封丹阳"。汉代丹阳郡是当时罪臣贬逐安置地区。

史料记载：西汉丹阳郡辖十七县，十万七千户，四十万五千人。可看出丹阳郡地广人稀！东汉发展了一些，东汉丹阳郡辖十六县，十三万六千户，六十三万人。丹阳郡农业经济得到发展是东汉以后的事。东汉建武六年（30年），也就是丹阳建郡一百多年时，李忠任丹阳郡太守，大力进行改革："忠以丹阳越俗不好学，嫁娶礼仪，衰于中国，乃为起学校，习礼容，……郡中向慕之。垦田增多，三岁间流民占著者五万余口。"清楚地说明李忠进行的改革取得积极成果。招怀流民，在籍户口大增；开垦荒田，促进农业经济较快发展。

说到铜官长的业绩，有两件事值得一说：

第一件，丹阳郡不仅是当时中国重要的产铜地，而且是优质铜的生产基地。丹阳郡出产的铜是品质最好的，被称为"丹阳铜"。在严格管理之余，有少量的丹阳铜用于民用品的铸造，尤其是铜镜的铸造。

好铜出于丹阳，丹阳人为此骄傲，很多铜镜上都标明丹阳铜，还有的在铜镜上铸"新有善铜出丹阳，和以银锡清且明"的铭文，以示珍贵。这是中国最早的品牌原产地的标识。

丹阳铜自此以后就成为上好铜料的代名词。梁简文帝诗云："戈镂荆山玉，剑饰丹阳铜。"

第二件，天井湖的形成可能与铜官的活动有关。铜官山的铜要运到铜官镇，必然要有一条官道。这条官道应该是今天的长江路的基本走向。古官道是人工堤，而这条人工堤最终导致了天井湖的形成。

铜陵沿江，古代是没有长江大堤的，每年汛期，江水泛滥。修了一道长堤以后，阻止了水的回流，于是就成了湖。

古铜官镇的形成，与铜的运输有关，为了铜的运输，就必须有路，修条堤坝，就成了铜官山矿到铜官镇的最近路线，因此我们有理由相信，这条堤坝以及天井湖的形成与铜陵产铜业、铜官的设置是有关系的。

回顾铜官山采铜的历史，我们尤其感到铜官设置的意义之重大，影响之深远。它为后代官铜的开采、管理提供借鉴。尽管唐宋及以后对铜官这个机构的叫法有所改变，如叫"冶""监""坑"等，基本上都是以官铜为主。在官方不适开采的地方才允许民间介入。对铸币的管理，则只有加强没有减弱。

汉至魏晋时期，全国主要铜矿的开采冶炼多呈衰落景象，而皖南的铜矿开采冶炼生产却异军突起，成为全国最大的产铜基地。由此以后，南朝、唐、北宋等各个历史时期，皖南铜大量用于铸币，有力地促进了中国古代经济的发展。

铜陵有三千多年的开采冶炼铜的历史，在这期间又由于铜官的设置为这段历史增添了浓墨重彩的一笔，是这块热土的骄傲与自豪。历史没有给铜官更多的史料记载，也没有首任铜官长、历任铜官长的任何记录，但留下了一座以铜官命名的山，以铜官命名的镇，这就是对他们业绩最好和最大的褒奖。

五、铜官进行曲

一座铜官山，承载了中国三千多年开采冶炼铜的历史，是中国古代冶金史发展、形成、辉煌的缩影，始终位于中国古代先进生产力发展的前列。

铜官山除了是中国古代冶金发展史的见证外，还有其他方面的意义和影响。

（一）地望意义

北宋黄庭坚曾住在铜陵县，他有一首诗《阻水泊舟竹山下》，诗中有这样两句："北风几日铜官县，欲过五松无主人。"诗人不说铜陵县而说是铜官县，这不是他的笔误，他还有一首诗，标题是《铜官县望五松山集句》。南唐保大九年（951年），从南陵县分出几个乡设置铜陵县时，取了一个具有物产特色的"铜"字，又取了南陵县的一个"陵"字，合为"铜陵"二字，铜是物产特色，陵是地貌特色，也讲得过去。但总不如"铜官"那样更昭显自己的历史特色和感情色彩。因此当时的人们会把"铜官"当作家乡的地望。北宋王安石在铜陵留有"我爱铜官好，君实家其间"的诗句，这里的铜官也不是确指铜官山，而是铜陵的代称。

1956年国务院批准铜陵建市，市以山名，为铜官山市，即铜陵市的前身。相当长的一段时间里，江北的民众也不称铜陵市，而是直接称铜官山。

（二）开创古典文学工业题材之先河

李白在铜陵写过一首诗《秋浦歌》："炉火照天地，红星乱紫烟。赧郎明月夜，歌曲动寒川。"细品诗意，一幅生动、壮美的画卷浮现于眼前：群山脚下，成群的冶铜炉依次排开，熊熊的炉火，火舌窜动，炉火映红了这片冶铜场，映红了半天夜幕。那裹着火星升腾而上的浓烟也被映成了紫色。皎洁的月光下，那些冶铜工人的脸也被映得和火一样红，然而工人们的劳动热情十分高涨，齐声唱起的劳动号子，使远处的河水也激起浪花。这首很有感染力的诗，是中国文学史上第一篇描写工人劳作的佳篇，有很高的文学地位和价值。"这是一首以冶铜工人为主人公的文学作品，号称中国古代文学史的第一首，也是唯一的一首。"这是郭沫若先生的评价。其实以工人为主人公的作品还有一首，是宋代诗人梅尧臣写的《铜坑》："碧矿不出土，青山凿不休。青山凿不休，坐令鬼神愁。"这首诗是以矿工为主人公的。

铜官山自古就有许多文人墨客，来此登临，赋诗记胜，历代皆有佳篇传世。历代诗人咏诵铜官山的诗作，当首推唐代诗人李白。唐天宝十三年（754年），李白来到铜官山激情地写《铜官山醉后绝句》："我爱铜官乐，千年未拟还。要须回舞袖，拂尽五松山。"

历代佳篇给我们留下了宝贵的历史文化遗产，形成了铜官山丰富的文化底蕴，也为中国古铜都地位的确立和提升提供了丰富的史料。

铜都广场陈设着两块巨大的铜炼渣。此炼渣采于市郊罗家树，铜官山的那一边。为汉唐时期冶铜所遗，虽经千年风雨剥蚀，仍如磐石般屹立。

青铜文化是铜陵先人三千年采冶青铜提炼文化。我们回首青铜历史时，最受感动的是先人们生产劳作的足迹。历史留给我们的并不单单在于几处青铜遗址，而是那亘古不衰的精神，即为青铜精神。

青铜精神是一种坚持不懈的拼搏精神。青铜的发现和使用，使人类文明上升到一个新的阶段，开创了人类社会的文明史，这是人类社会发展由量变到质变的飞跃。"碧矿不出土，青山凿不休。"一个"凿"字，形象而传神。正是这种"凿不休"的进取，才"凿"出"惊天地而泣鬼神"的事业，这是青铜精神的本体。

就铜陵而言，从千年古铜地，到今日工业城，托起她的，不正是历代相延的具有青铜禀性的铜都人吗？铜的品质，人的品格，这便是青铜精神的灵魂。

"中国古铜都"不是自称的，是我们的先辈通过三千多年的不懈努力奠立的。提升中国古铜都的基础和地位，需要我们不懈努力，需要青铜精神的强大支撑。

（三）铜官山之旅

造山运动，使地层深处的矿物质产生动荡，在高温、高压的作用下，矿分子不断聚合，因而形成了铜官山丰富的矿藏。同时造山运动，使铜官山不仅有一定的高度，且因连绵起伏，形成了山的雄伟风光。

古时的铜官山，树木繁茂，气象万千，登山游览也是盛事之一。

历代都有登山记游的，我们选明代学者刘涣写的《游铜官山》一读：

> 铜官山畔试登临，古木丛篁一径深，
>
> 惊鸟引雏飞别树，轻烟和雨过前林。
>
> 撩人好景从头记，遣兴新诗信口吟。
>
> 几度欲归犹缱绻，更寻清涧涤烦襟。

诗人顺山间小路而上，沿途古木遮阴，竹丛深簇，途中不断地惊起飞鸟，身边云雾如同细雨飘然而过。所见的都是美好景色，撩惹得诗人诗兴大发，一路走一路吟哦。诗人流连忘返，几次想转身下山却又忍不住继续前行，终于见到了山中的清泉，恰好洗去一身的劳累，更可洗涤世间的烦恼之情。有静有动，有景有情。

铜官山美景引人入胜，然而最吸引人的还是它丰富的历史文化。铜官山脚下的铜官山矿具有三千多年的采矿历史，是中国古代青铜及冶金历史发展进程的见证者。由于地下资源的枯竭，作为矿山，铜官山矿已于前几年关闭了，它走完了自己漫长的历史历程。虽然不再有大规模的工业开采，但它的形象、它的历史将永载史册。铜陵市政府建"大铜官山公园"给予永远的纪念，这将成为铜陵旅游业的一个亮点。

从历史上看，以铜陵为主的皖南古代采铜业经历了五个时期：

（1）夏商时期，是兴起时期，为《禹贡》记载的南方铜产地之一。

（2）西周到战国，是重要的发展时期。

（3）汉代，兴盛过渡期，这一时期的重要标志就是铜官的设立和丹阳铜的传名。

（4）魏晋南北朝经唐代至北宋，官府铸币使采冶铜业走向鼎盛。

（5）南宋以后渐有衰落，明代曾禁采。这一时期中国铜主产地移至云南。明清铜官山采铜衰落的原因是当时我们科学技术落后，不能进行深度开采，解决不了通风、照明、排水、矿石提升等技术问题。

近代西方科技发展起步比我们早。清光绪二十七年（1901年），英帝国垂涎铜官山这块宝地，曾以欺诈的手段骗取清政府签订了铜官山矿业开采100年的条约。由于安徽尤其是铜陵大通乡绅的激烈反对，逐渐形成了影响全国的"收回铜官山矿利权"运动，这是中国近代史上的一次反帝争夺权利运动。宣统二年（1910年）清政府被迫废止了与英帝国的条约，铜官山矿避免了一次帝国列强的染指。但在日本侵华期间铜官山矿被掠夺性开采长达6年。这是铜官山历史上最黑暗的一页，血色的一页。1945年抗日战争胜利后，铜官山重新回到中国人民的怀抱，国民党政府在此成立了铜官山矿务局，归设在南京的国民党政府矿产资源委员会管理。但由于国民党主要精力放在内战上，铜官山没有恢复生产。

纵观以上，我们可以说，铜官山的采铜业三千多年来没有大的中断。这在整个中国乃至整个世界开采冶炼铜史上都是绝无仅有的。这是铜官山引以为豪之所在。

回顾铜官山的历史，我们感到十分自豪，但铜官山真正的辉煌是在当代。中华人民共和国成立后，中央人民政府立即决定恢复铜官山矿的生产，时间是1949年。1952年11月，成立了铜官山矿务局，这是铜陵有色金属集团的前身。1953年5月1日，铜官山第一冶炼厂生产出新中国第一炉铜水，浇铸出新中国第一块铜锭。经过半个多世纪的建设，铜陵有色金属集团现已发展成为以铜金属采、选、炼、加工为主，集经营贸易、科研设计、机械制造、建筑安装、井巷施工、旅游服务为一体的特大型联合企业集团。

铜官山有光辉的历史，更有灿烂的未来。铜官人，以海纳百川的胸怀，以振兴民族有色金属工业为己任，全力谱写铜官发展新篇章。

中国古铜都——铜陵

吴　笛

世界上有一片三千年炉火不息，集探采冶铸铜于一地的热土吗？

放眼全球，唯有铜陵——中国安徽铜陵！

无论是古代的埃及、巴比伦，还是印度，或者是中国的云南个旧、湖北大冶、江西、四川乃至黄河流域的古老铜矿，都没有发现铜陵这样的特例。

铜陵作为中国古铜都，历史至少为我们提供了五大铁证。

一、星罗棋布的采铜遗址

先秦时期，荆、扬两州是我国重要的铜产地之一。按《尚书》记载，商代时天下分为九州，铜陵属扬州。从《九州示意图》上我们可以看出，古扬州就是包括铜陵在内的南方地区。按现代行政划分来看，先秦中国主要产铜区在浙江西部，安徽南陵、铜陵，江西，湖北，四川这样一条产铜带上。以今天的铜陵为圆心，周边有近百处的采矿遗址，分布面积超过了6000平方千米。铜陵已先后发现历代铜矿采冶遗址40余处，点多面广，规模宏大，这些遗址群落不仅国内仅有，而且世界罕见。

2010年铜陵师姑墩遗址的发掘，2013年安徽省文物考古研究所与北京大学考古文博学院对师姑墩东侧600米的夏家墩遗址进行联合发掘，文化遗物可见软陶器、印纹硬陶器、原始瓷器以及石器、玉器、铜器。冶铸遗物出土颇为丰富，夏家墩遗址的文化遗存可分两期：第一期为西周前期，相当于师姑墩晚期的1、2段；第二期为西周后期至春秋早期，相当于师姑墩晚期的3、4段。这再一次说明了铜陵先民早在西周时期就已在此开采冶铸青铜了。

铜陵有我国第二个对外开放的古铜矿遗址——春秋金牛洞采矿场。这里有一个关于青铜的美好传说。金牛洞位于今铜陵市义安区顺安镇凤凰村，早先此处为一小山，山腰有一古洞。民间传说天上神牛私下凡间，因迷恋凤凰山风景而不思返。天帝屡屡唤之，神牛钻入此山中，化为金银铜。金牛洞由此得名。

从金牛洞古采矿遗址清理出的竖井、平巷、斜井都是木支撑结构，有半框式和方框式两种，竖井井筒采用"企口接方框密集支架"结构，支扩立柱的顶端均为丫形接口，巷道两侧及顶棚用木棍、木板护帮，有的用竹席封顶，采矿方式是由下而上、水平分层开采。矿井中还发现有铜凿、铁斧、铁锄、木炭屑、竹筐、木桶等一批采掘工具及陶制生活器皿，可见该遗址的年代始于春秋，下限不会晚于西汉，而且当时的采矿活动最初应是露天开采，再沿着矿脉凿开继续深掘，估计当时的工匠们已掌握了"火爆法"采矿技术。金牛洞遗址仅为凤凰山古矿冶的一个采矿场，附近的药园山、虎形山和万迎山都曾发现过不少古代采矿井巷，其时代跨度从春秋至西汉。西南面800余米处的万迎山，古代炼渣遍地皆是，分布范围约2平方千米。此外，这一带还出土过铜锭和石质铸范，可见，凤凰山古矿区当时是一处规模较大的综合铜工业区。

金牛洞古采矿遗址遗存丰富，场面壮观，现为全国重点文物保护单位、安徽省爱国主义教育基地。它不仅是古铜都铜陵矿冶历史的一个有力见证，也是我国有一定代表性的重要古铜矿遗址。

二、层出不穷的青铜冶铸遗迹

近年,在铜陵发现了长江中下游地区最早的青铜冶铸遗址——钟鸣师姑墩遗址,科学家和考古专家一致推断,其年代相当于二里头文化的三、四期,也就是说距今3500多年了,西周中晚期最为兴盛。据此足以断定,铜陵地区先人铜开采冶铸历史最早可追溯到夏商时代,以铜陵为中心的周边地区表面的古铜炼渣远超过1000万吨,若按1:15的铜、渣之比推算,至少已生产了50万吨铜料,其中,被誉为"中国之最,世界奇观"的罗家村大炼渣,更凝结与透视着铜陵青铜冶铸的沧桑壮丽历史。铜陵青铜之火历代相传,铜矿大规模的采冶活动经历春秋、战国、秦、汉、唐、宋等历史时期,经久不衰。三国时期,铜陵地区大部属东吴春谷县。《三国志》载:建安三年,年仅24岁的周瑜就担任了春谷"县长",派人在铜官山下冶炼兵器,铸造钱币。

三、林林总总的青铜重器

铜陵地区出土的青铜重器无言而又逼真地展示了铜陵是中国古铜都的如山铁证。如:俗称"国家一级文物"的就有1971年在原铜陵火车站出土的商代鸟盖兽耳盉,还有1981年铜陵钟鸣出土的春秋礼器——兽面纹大鼎,还有1983年铜陵西湖镇出土的商代饕餮纹爵、斝。从器物含铁量较高的特征判断,当为铜陵本地所铸,这是铜陵产铜历史始于商代的证据。而铜陵木鱼山遗址中的铜炼渣,经C14测定,年代距今 2885 ± 55 年,树轮校正年代3015年,相当于西周早期,这是铜陵西周时期铜开采冶铸的实物证明。铜陵出土的青铜器构成了一个庞大的中国青铜器家族,可谓蔚为大观。仅新中国成立以后,就发现发掘近3000件古代青铜器皿,生产这些青铜器皿的年代可上溯到夏末至商代早期，早到 3500 年前——中国青铜时代的童年。1990 年 5 月，在故宫博物院文华殿举办的"中华文物精华展"中，有一件安徽省选送的西周初期的珍宝——兽面纹青铜方彝，这件方彝出土于枞阳县周潭镇七井村的汤家墩遗址。兽面纹青铜方彝，1987 年 7 月出土于汤家墩遗址的西南端，通高 44 厘米，重 11.5 千克，现为国家一级文物。

先看方彝的造型与特征：由盖、身、足三部分组成，呈现出上宽下窄的形状。彝盖作四面坡庑殿式屋顶形，正中上方装四阿式立柱钮，以便于开合。盖与直口、深腹、方边、斜直壁的方彝之身以子母口相接，扣合严丝合缝，浑然一体。彝身上部的两面各置一錾，可以双手握住提取。平底，长方形直圈足，足下无缺口，上部有半圆形穿。圈足内悬挂着一个铜铃，内有圆柱状长舌，用手摇之，仍可发出清脆悦耳之声。全器端庄凝重，工艺复杂，设计巧妙，成功地避免了视觉上的枯燥感，给人一种丰富的多层面的视觉感受。它的整个造型，会使人想到当时的宫室建筑，表明了这种中国传统建筑形式历史之悠久。

再看方彝的纹饰及其布局：整个方彝的四角各有一条呈对称钩状的扉棱，从器盖一直延续到圈足；柱钮前后面细线阴刻的复线三角状蕉叶纹，二方连续展开，极其细致生动；盖上每面上下层浅浮雕的凤鸟纹，一小一大，头戴冠羽，昂首挺胸，振翅欲飞；凤鸟纹下，饰三角蝉纹，倒置向下，栩栩如生。彝身侧面上部两边均饰棱纹五条，中部圆雕一互相对称的瑞兽，既有实用功能，又有艺术韵味；下部浮雕的兽面纹，巨睛凝视，大口獠牙，粗鼻广角，似牛又如虎，给人以一种超脱尘世的神秘气氛和力量。圈足每面浅浮雕的夔龙纹，拱背卷尾，一角一足，像蛇又像鳄鱼。所有主体纹饰在底部匀密纤细的云雷纹的衬托下，形成了虚与实的对比，使得主体画面效果更加突出。器体表面密布文化寓意深厚的图案，纹饰奇异繁缛，光彩华美，变化多端，集线刻、浮雕、圆雕于一器，凡视角所及，可施刻镂之处，无不有精美的纹饰。

青铜方彝，古代的盛酒器。"彝"是古代青铜礼器的通称。

汤家墩遗址出土的兽面纹青铜方彝，是这类器物在安徽省首次发现；而圈足内有铜铃的青铜方彝，目前在全世界仅发现此1件。著名的文物考古专家李学勤根据汤家墩遗址出土的青铜方彝的造型和纹饰等特征，推断其年代不晚于周初，且为本地铸造而非输入品。汤家墩的先民们已掌握高超的青铜范铸工艺，铜陵枞阳地区的青铜冶铸技术，最迟在西周早期就已出现并得到了比较成熟的发展，充分体现了远古铜陵枞阳人高雅的审美趣味和创新精神。

四、领先世界的铜冶炼技术

世界上开采硫化铜的历史可以追溯到3000年前，而我国最早记载硫化铜开采的文献是北宋沈括的《梦溪笔谈》。而20世纪90年代，铜陵木鱼山冰铜锭的发现，一下就将我国硫化铜采冶历史前推了2000年，由北宋推溯到商周时期。因为冰铜锭是硫化铜冶炼的遗物，就像人类的基因一样能测定出铜冶炼技术的前世今生。自20世纪70年代中后期开始，铜陵发现了一批西周至春秋时期的菱形铜锭，其中年代最早、数量最多的就是木鱼山冶炼遗址出土的冰铜锭。木鱼山位于铜陵县天门镇新民村，其冶炼遗址分布范围大约10万平方米。1974年冬修水利时，当地农民在遗址取土时发现了100多公斤的铜锭。铜锭为菱形，大小不一，表面粗糙，呈铁锈色，从现存的几块来看，铜锭大约长50厘米、宽12厘米、厚0.6厘米、重1550克。1988年，省市文物部门进行清理发掘，发现倒塌炼炉一座，并伴有陶片、红烧土碎块等冶炼遗物。广州中山大学对这些菱形铜锭取样检测，结果表明这是硫化铜冶炼的遗物——冰铜锭。木鱼山遗址距今已有3000余年，约在商周之际，此遗址出土的冰铜锭是中国目前已发现的最早使用硫化铜技术的实物见证，将我国硫化铜的采冶历史从宋代推至西周早期，这与世界上一些国家的硫化铜矿的历史源起基本一致。

一块铜锭是历史的凝结，是智慧的珍藏。作为中国最早的硫化铜采冶遗物，铜陵出土的冰铜锭是重见天日的历史奇迹，它用实物改写了我国金属铜开采冶炼的历史，应该说是20世纪90年代国内矿冶考古的一个重大发现。

中国传统青铜工艺以范铸为主，一次性浇铸成型的方法为"浑铸法"，数件翻范浇铸并拼接为一个完美器皿的方法称为"分铸法"，而以绳状物为模，通过焚烧并在中空范中浇铸铜液，这多是用蜡制成铸模，外敷造型材料，成为整体铸型。加热铸模将蜡化去，形成空腔铸范，浇入液态金属，冷却后得到成型铸件。古代多用于铸造具有复杂形状的铸件，这就是"失蜡法"。铜陵出土的六件铜甗（yǎn）——年代测定在商周，他们都有"失蜡法"的烙印，也就是说我们的祖先在3000多年前就已经掌握了这一高超的技术，这些青铜器的珍品就已展现了非凡之地铸造工匠的绝世技艺。

五、历史文献的佐证

长期以来，中原地区一直是中国古代的统治中心，出于种种需要，京都附近有许多铸造作坊，制作精美的青铜礼器、酒器、乐器、兵器。现代不断有大量的青铜器出土，其中不乏数百公斤重的庞然巨器，而中原地区至今也未曾发现过可满足中原地区制铜需要量的古采冶铜遗址。那么，如此众多的铜是从何而来呢？

20世纪30年代，郭沫若提出了一个设想，认为东南夷（中国古代对东部民族的称谓）与中原政权之间有一条铜锡入贡或交易之路——"金道锡行"，史学家唐兰和裘锡圭在此基础上进一步提出商周王朝特别是周王朝频繁进攻南方的"第一目的是为了掠夺南方的铜材"的论断。他们的猜想有历史资料作为依据吗？在西周金文中有关周王朝用兵征伐荆、淮夷的记载屡见不鲜，铜陵在夏商周时期属于古扬州淮夷之地。周王朝曾几度用兵，抢掠江南的青铜原料。《诗经·泮水》记载："憬彼淮夷，来献其琛，元龟象齿，大赂南金。"（这几句诗的意思是：如今淮夷有觉悟，献来珍宝表诚心。既有大龟和象牙，还有南方特产金。）这里的金是指青铜。淮夷人是否自愿献宝，难说，周王朝俘获淮夷的所谓"南金"——青铜那倒是真。《仲甬父簋（guǐ）铭》（仲甬父是周朝末年大宰。簋是古人进餐的器具，后来，鼎和簋演变为祭天的礼器，又是古代君王权力的象征。鼎在祭祀、宴飨、随葬时的数量，依照贵族身份分为五等：天子用九鼎八簋；诸侯用七鼎六簋；卿大夫用五鼎四簋；士用三鼎二簋。依次递减，不得逾越，这就是所谓"藏礼于器"。）记载："仲甬父伐南淮夷，俘吉金。"说的就是仲甬父征伐南淮夷（即今天的江南），俘获了很多优质的铜材。而这条"金道"跟铜陵不无关系，有专家直接断言今天的铜陵一带就是"金道锡行"的起点。"金道锡行"就是南方铜料经淮夷之地北输中原的绿色通道，是纵横在青铜历史上的"丝绸之路"。

《史记·世家》里面，第一篇是吴太伯。为什么第一篇是吴太伯呢，因为他管理的地方非常重要，产铜的铜陵即在其治下。因为铜是战略资源，是国家当时最重要的资源，是国家最重要的武器与礼器的原料。礼器就是法制，有利于维护等级制度。汉代设立的官有铜官、工官、铁官和盐官，其中工官一共有九个，盐官三十九个，铁官四十八个，铜官只有一个。

只设一个铜官，不仅说明了铜的重要作用，也与"丹阳出善铜"有关。那就是丹阳出的是"善铜"，其他地方出的就不是"善铜"。因为要找最好的原料，运用排除法，可以认定汉武帝就只在铜陵设立了一个铜官。《汉书·地理志》载：汉武帝元封二年（公元前109年），在丹阳设置了铜官，加强中央对铜产地、铜原料及铜冶铸的管理。专家们确认，铜官设置所在地就在今天的铜陵，铜官在铜陵的设置明确无误地标明铜陵具有采冶铜的"首都"地位。

当然，有人也许质疑，在中国地理版图上，以"铜官"为名的山或城镇又不止铜陵一处，凭什么就可以说今铜陵的铜官是汉设唯一铜官所在地呢？又是铜都崛起的源头呢？今浙江、江苏各有一座铜官山，国内还有铜官县、铜官镇多处。先秦始，各个诸侯国对铜这种战略性资源非常重视，可能设置有多处铜官，因此就有了好几个以铜官为名的地方，如莫干山的铜官相传是于秦代设的。但是，这些地方虽以铜官为名，但后来就不产铜了，如全国五大陶都之一的长沙市铜官镇。而铜陵的铜官是中国历史上第一个由中央政府设置的铜矿官冶机构。其后，东汉时期，铜官山下设有铜官镇，《读史方舆纪要》上说：铜陵"南唐移县于今治，其地亦名铜官镇"。何况与铜陵铜官相呼应的还有历史上两大铸币产地——永丰监和梅根冶，梅根冶史上竟有别号"钱溪"，滚滚流出的铜钱硬是让它成了历史上的"中国银行"！于是，一脉铜官的余韵在铜陵大地上世代流传下来了。

还有，唐宋以来，诸多骚人墨客所唱颂的采冶铸铜的诗文歌赋，也都让铜陵作为古铜都而独领风骚，大放异彩，如大诗人李白的《秋浦歌》："炉火照天地，红星乱紫烟。赧郎明月夜，歌曲动寒川。"《答杜秀才五松见赠》："千峰夹水向秋浦，五松名山当夏寒。铜井炎炉歊九天，赫如铸鼎荆山前。陶公矐铄呵赤电，回禄睢盱扬紫烟……"这是中国古代诗人写冶铜壮观场面的两首诗，李白自然是第一个讴歌铜矿工人的伟大诗人。还有宋代的大诗人梅尧臣所作的《铜坑》"碧矿不出土，青山凿不休。青山凿不休，坐令鬼神愁"等。

纵观以上五个方面的有力证据，我们可以无比自豪地说铜陵作为中国古铜都当之无愧。

铜官影像彰铜都

吴 笛

一、铜工业影像辉煌灿烂

三千年铜官千秋矗立，八百里皖江奔流不息，孕育出新中国第一个铜工业基地。

新中国诞生的礼炮，奏响了中华民族铜工业新的乐章。1950年6月，中央财经委员会决定投资9500吨大米，进行铜官山铜矿工程建设。随后，华东工业部派干部和工程技术人员前往铜陵，大批优秀儿女从四面八方汇聚到铜官山下，写下了新中国铜业史上具有里程碑意义的一页。

1953年5月1日，铜官山冶炼厂诞生了新中国第一炉铜水，第一块铜锭！

改革开放后，安徽最大的中外合资企业——金隆铜业在铜陵投产。

中国铜业第一个上市公司——铜都铜业诞生在铜陵！1996年11月20日，铜都铜业在深圳股票交易所上市，这是中国铜业第一支上市股票！

亚洲最深的千米深井矿山——冬瓜山铜矿在铜陵建成！冬瓜山工程为国家"九五"重点项目，安徽省"861"工程项目，于2004年10月投入重负荷联动试车，2007年10月通过国家安全监管总局的安全验收，现已投入生产。工艺流程全部采用世界先进技术，实现了自动化控制，采选生产能力已达每日13000吨，年产铜量达34000吨。2013年，冬瓜山铜矿被国土资源部命名为"矿产资源节约与综合利用先进技术适用技术推广应用示范矿山"，不仅以地下开采深度居亚洲有色金属矿山第一，而且以绿色企业标杆的姿态成为我国生态矿山的典范。

这是一座可以乘坐吉普车到采场参观的矿山，这是一座井下交通实行红绿灯管制的矿山……它向着中国铜工业的梦想掘进，是世界铜都地层深处热烈的呼唤！

中国第一台陶瓷过滤机——铜都特种陶瓷过滤机于1998年初在铜都环保股份公司诞生了。2000年7月，国家经济贸易委员会主任盛华仁（后任全国人大常委会副委员长）来铜陵视察，连称"陶瓷过滤机高效、节能、脱水效果好，经济效益好，要大力推广"。2001年国家经济贸易委员会授予特种陶瓷过滤机"国家重点新产品证书"，同年，特种陶瓷过滤机获中国第八届专业技术新产品博览会金奖。如今，铜都环保股份公司已成为我国陶瓷过滤机行业的龙头企业。

领先世界的炼铜工艺——金冠铜业"双闪"冶铜技术于2013年在铜陵横空出世！铜陵炼铜工艺一直领先国内，位居世界前列，其中最具代表性的是金冠铜业"双闪"冶铜技术，它让科技之光闪烁在现代铜工业的峰巅之上，大幅度提升了中国铜冶炼工业的国际地位，成为铜陵参与世界铜业竞争的新生力量，成为中国民族铜工业绿色冶炼技术的旗帜。

图1 炼铜

图2 铜水浇铸

中国最大的特种电磁线制造商——精达特种电磁线股份有限公司在铜陵创设几十年来，其多种特种电磁线一直为国内外尖端科技制造商所青睐。

铜陵铜基新材料产业集聚发展基地是战略性新兴产业集聚发展基地，只几年的时间，便异军突起，延伸拓展了铜合金高精尖产品产业链，为铜陵成为世界铜都注入新的辉煌！

二、铜文化影像魅力无限

文化是城市的灵魂，是一座城市综合竞争力的重要体现，也是推动城市可持续发展的一支重要力量。一座城市的魅力，离不开她的文脉传承，以及文化的繁荣发展。而作为一个享有世界级声誉的世界铜都又怎能没有她博大精深的铜都精神及独领风骚的铜文化呢？

铜陵是青铜文化圣地，自然而然就以铜文化作为城市文化的核心要素，不断加强铜文化整理和研究，大力挖掘铜文化内涵，保护和开发铜文化古遗存，推动铜文化创意产业发展，举办青铜文化交流活动，并且满怀对青铜故里的热爱，以动听的音乐、诗歌和美妙的舞蹈、绘画，诗意而生动地表现出铜文化的魅力。

金声玉振青铜声。铜文化正日益成为人们了解铜陵、认识铜陵的重要媒介，成为铜陵城市文化名片。

三、古朴厚重的铜都精神

铜陵是一座以铜文化为血脉的城市。作为中国古铜都之一，铜陵三千年铜音不绝，青铜文化早已融入城市的血脉，成为铜陵取之不尽、用之不竭的文化宝藏。今日的铜陵，铜的意义早已超越它的本身，成为一种生生不息的精神传承。那么，铜都精神的内核是什么呢？铜陵人有自己的理解与答案。

青铜精神是一种不懈拼搏的精神，是一种乐观向上的精神，是一种熔旧铸新的精神。从千年古铜都到今日工业城，一种青铜的禀性在历代相延，那便是城市之魂："古朴厚重、熔旧铸新、自强不息、敢为人先。"这是青铜之城的秉性，这是当代铜都的精神，她鼓舞着铜陵人民，让铜陵大地铜韵铿锵，凤舞九天。

铁板铜琶的青铜之歌——铜文化歌曲嘹亮铜都。历史上唱颂铜陵铜冶炼的诗文歌赋数不胜数，中华人民共和国成立后，这一文化传统得到发扬光大。不仅文人墨客，而且普通市民或学生也常常触景生情，写诗作文，民歌民谣不断涌现。改革开放后，在城市管理者的引领下，唱颂铜都、热爱铜陵的歌声更是一浪高过一浪。1993年，铜陵组织全国词曲作家为铜陵创作了10首歌曲，其中《铜陵，皖江的明珠》，作词耿宏志，作曲臧云飞，首唱阎维文；《欢迎你到铜都来》，作词方登云，作曲吴崇生，首唱王华光、周薇；《春风吹醒古铜都的梦》，作词时亚，作曲金勇，首唱童丽；《我们从这里走向未来》，作词方登云，作曲孟宪斌，首唱董文华；《铜草花》，作词时亚，作曲张仁波，首唱戴扬、彭丹红；童声合唱《铜陵，希望之城》，作词晓光，作曲王酩，首唱杭天琪……那是一串串迎风摇曳的铜铃，繁弦急管奏响着铜陵如歌的行板。

2005年，铜陵又开展了"歌唱悠久灿烂的青铜文化"歌曲征集活动，全国20多个省、市的200多位专业及业余词曲作者踊跃参与，共征集到300余首优秀作品，其中有：男高音独唱《中国铜》（作词夏子，作曲田晓耕）；女声独唱《铜陵妹》（作词刘希玲，作曲杨铭）；少儿歌曲《铜娃娃》（作词夏子，作曲吴正忠、邢治平）；女声独唱《李白的炉火》（作词陈玉国，作曲朱良镇）；合唱《金色的铜都》（作词许光万，作曲王凯东）；女声独唱《我的小城我的家》（作词于春咏、胡士平）；独唱《山水铜都》（作词张枚同，作曲赵弟军）；民歌《青铜地带》（作词黄明山，作曲方石）；独唱《青铜魂》（作词刘麟，作曲王志信）……铜文化的歌声越唱越嘹亮。

图 3　四喜铜娃

四、《青铜三部曲》

由大型音乐剧《青铜魂》、现代都市黄梅戏《青铜之恋》、音舞诗画剧《青铜神圣》三部舞台剧组成的《青铜三部曲》被誉为"城市文艺名片"。青铜歌舞，让铜陵充满力与美的交响。

五、领先世界的学术品牌

1992 年，首届亚洲文明暨中国青铜文化国际学术会议在铜陵举行，来自德国、加拿大、日本、韩国、新加坡、中国等国家的 100 多位中外专家、学者出席会议，提交学术论文百余篇。此后，铜陵又先后以"青铜工业与早期文明""青铜文明与科技考古"等为主题，承办了 8 次大中型国际国内青铜文化方面的学术会议，著名历史学家、青铜器学家、中国社会科学院历史研究所原所长李学勤，著名历史学家、青铜器学家、考古学家、夏商周断代工程首席科学家李伯谦，著名矿冶考古学家、青铜器铸造学家、原中科院自然科技史研究所副所长华觉明等国内外著名专家学者，以及来自美国、澳大利亚等多个国家的学者相继出席论坛，对青铜文化方面的最新考古发现、科研成果、研究现状和方向进行了学术交流和研讨，打造了国内青铜文化研究的学术盛会。1999年10月，《青铜文化研究》第一辑正式出版，该学刊在国内外学术界产生了较大影响，是目前国内专门研究青铜文化的学术期刊，现已出刊九辑。该书刊的出版发行，填补了我国青铜文化专题学术刊物的空白，对弘扬中华民族优秀传统文化，促进和推动中国青铜文化的研究起到重要的宣传和推动作用。

青铜传韵，铜陵发声。风起铜陵的国内影响力最大的青铜文化研究论坛和《青铜文化研究》学术刊物，现已成为国内外知名的青铜文化学术品牌，从学术角度确立了铜陵作为中国古铜都的历史地位，也为铜陵迈向现代世界铜都提供了一座通天桥。

六、铜陵博物馆

坐拥五千年中华文明，浓缩三千载铜都文化。铜陵博物馆，古铜都在新世纪蓦然绽放的一朵文明奇葩，惊艳的是铜陵博物馆奇特的外观造型——一尊古朴闪亮的巨大圆鉴，偎依在长方形玻璃与水泥墙框之中。人们叹为观止的是圆形铜鉴竟是由近3000平方米重达50吨的菱形青铜板拼装镶嵌而成，实实在在的中国单体铜幕墙之最！也是举世无双的铜博物馆的铜幕墙绝响！

七、中国（铜陵）青铜文化博览会

从1992年金秋第一届中国（铜陵）青铜文化博览会至今，铜陵已连续举办了十三届，此盛会逐渐成为铜陵市鲜明的城市节庆品牌、全省乃至全国具有一定影响力的节庆活动之一，有效地推动了青铜文化的传播和交流，促进了铜陵经济的发展，提升了铜陵的知名度和美誉度。让世界了解了铜陵，让铜陵走向了世界。

八、铜雕塑影像炫动八方

中国雕塑艺术传承千年，铜陵铜雕奇葩绽放，它既继承传统又具时代特点，是在传统铜工艺的基础上，运用现代科技生产出来的供人观赏的艺术品。在通常习惯上，人们把这种沿袭传统技艺制作的艺术作品归类于民间美术、工艺美术，但铜陵铜雕巧夺天工，百美俱现；它可以是城市雕塑、景观小品；也可以是青铜器复制品、旅游纪念品；可以是铜质日用品，也可以是建筑装饰品。与我们的精神、生活息息相关。那唯美的铜丝镶画、大气的錾铜浮雕、可爱的铜制小动物、古雅的青铜仿古物……无不凝聚着铜陵铜艺的精湛技艺和艺术创造力。

铜工艺品是铜陵炉火纯青的特色产品，铜工艺品是铜陵巧夺天工的艺术产品。特别是城市中千姿百态的铜雕塑更是把铜陵装扮得别具一格，与中国甚至世界众多城市风格迥异。

自1992年以来，铜陵一直致力于以青铜文化为源，以城市雕塑为载体，大力彰显城市文化特色。从20世纪90年代初始，铜陵就视野前瞻，在全国率先编制了《铜陵市城市雕塑规划》，掀起了城市雕塑持续建设的热潮，经过二十多年的精心创意和不懈建设，已陆续在街头、小区、公园、广场建成400余座主题鲜明、风格各异的铜雕，为城市公共空间点睛，形成了特色鲜明的城市文化景观。目前，铜陵主城区每平方千米约有5座城市雕塑。这些铜雕不仅已成为铜陵城市独特的标志性景观，而且屡获全国大奖：在1993年，《起舞》等雕塑荣获全国城雕优秀作品奖；在2004年全国第三届城市雕塑建设成就展上，《丰收门》成为全国46件获奖作品之一，正式入编全国城市雕塑获奖作品画册；在全国首届年度最有影响力城市雕塑公众评选活动中，《八宝柱》《凤鸣》脱颖而出，荣获"十佳城市雕塑"称号；在2006年度全国优秀城市雕塑建设项目评选活动中，《山水之门》荣获优秀奖。国际铜雕艺术园更是亮点，已成为东西方铜雕艺术交流的平台，被业界称为"铜陵现象"。铜陵铜雕之都的地位日益显现。

图4　起舞

图5　丰收门

　　城市雕塑如同城市的眼睛，它能折射城市历史，彰显城市文明，让城市更加灵动、愈发鲜活。如今，漫步铜都，随处可见铜雕。它们星罗棋布，抽象与具象、圆雕与浮雕，各种创作手法兼容并蓄，异彩纷呈。城市雕塑《商周青铜壁》《起舞》《时空》《铜陵之音》《青铜之光》《铜都颂》《炼渣王》《铜都大道南段浮雕长廊》等，耸立在城市主干道和广场，熔炼青铜文化，铸就城市之"魂"。《牧归》《思考姑娘》《彩蝶》《锻炼》《关爱》等景观小品，点缀在城市绿地、居住区和游园内，既具浓厚的传统文化情韵，又富有浓郁的生活气息。国内外游客凡来铜陵的，无不留下惊奇美好深刻的印象，牢牢记住了这是一座青铜名城！

图6　商周青铜壁

图7　铜陵之音

第二部分　今人述铜官

－ 243 －

图8　炼渣王

图9　铜都大道南段浮雕长廊

九、荟萃中外的国际铜雕艺术园

为推动铜雕艺术的国际交流，铜陵现已成功主办了两届国际铜雕艺术展，打造出一方中外铜艺交汇的乐园。2010年，首届中国（铜陵）国际铜雕艺术展举行，在全球范围内共征得雕塑作品600多件，遴选出35件展于此园，其中国内雕塑家作品18件，国外雕塑家作品17件，涉及十多个国家和地区，堪称一次具有国际水准的铜雕展会。2012年11月，第二届中国（铜陵）国际铜雕艺术展开幕，共征集到来自40个国家和地区的800多件作品，遴选出国外22位艺术家和国内13位艺术家的作品，永久收藏于此园。如今，铜陵国际铜雕艺术园已成为开放式公园，并在2012年度全国优秀城市雕塑建设项目评选中获得大奖。铜陵国际铜雕艺术园还在延伸，但她毫无疑问已为铜陵成长为世界铜都增光添彩了。

图10　国际铜雕艺术园

十、大铜官山公园

大铜官山公园又被称作铜官山国家矿山公园，是2010年国土资源部批准的第二批国家矿山公园之一，坐落于铜官山区铜矿遗址，这里是铜陵这座城市的发源地，其采铜冶铜历史可上溯至商周，盛于汉唐，延至当代，到了新中国，铜陵有色金属集团进行了大规模开采，铜官山铜矿走向鼎盛。由于资源枯竭，2003年矿山正式关闭。至此，铜官山矿结束了三千多年的开采历史。

大铜官山公园以铜官山为主体，北至北京东路，东邻沿新大道，南至石门路，西至铜官山山脚，总规划面积15.05平方千米。其发展定位为：依托"铜"元素，突出"山水"概念，成为融合市民需求的国家4A级景区，突出生态修复的国家矿山公园，彰显文化创意的世界铜文化旅游制高点。

在大铜官山公园里，铜陵市近年推出了"铜官山·1978"文创园，这是铜陵首个保护20世纪六七十年代铜陵矿工民居遗址的文创项目，也是世界产铜城市21世纪仅有的一个铜文化文创胜景。"铜官山·1978"文创园区占地约3.3万平方米，总建筑面积1.55万平方米，总投资约1.7亿元。利用20世纪六七十年代铜官山铜矿矿工生活遗址资源，通过选择性保留、修复、改造和复建等方式，对当年铜矿工人真实的生产、生活场景进行了保护和再现，将这些满载历史沧桑的矿工生活遗存转化为这座城市的文化符号，实现工业遗存和老旧物件的保护与再生，留存铜陵城市记忆。

如今大铜官山公园不仅成为铜陵人记得住的乡愁，而且是铜陵通向世界铜都的攀登小道，铜陵上上下下都在积极申报世界自然与文化遗产，大铜官山公园理应为铜陵成为世界铜都加上重重的砝码！

还有凝聚青铜之魂的文化广场——铜文化广场、铜陵市市民广场、铜都大道等街区，层出不穷的大型铜雕、巨幅铜浮雕壁画、艺术小品都在给这座城市加分。而铜陵近年涌现的铜文化景观地标，更是让世人啧啧称奇，这就是养在深闺人未识的铜官府、西湖铜艺小镇、中国铜街。

图11　铜文化园雕塑

图12　乌木山天文广场

关于铜官府，人们现在所知的铜官府是铜陵天井民俗街上的一个旅游点，铜官府是集3000多年的青铜文化和汉代的宫廷文化为一体的展示铜文化的平台，在青铜展示长廊，游客能感受到青铜器历史的演变过程，在这里面集合了商周以来最为出名的青铜器，例如：司母戊方鼎，被称为中华第一鼎；秦始皇陵出土的铜车马。还可以欣赏汉代宫廷宴舞，演奏曾侯乙编钟，感受"钟鸣鼎食"的奢华场面。而今天我们所要说的是铜陵铜官府文化创意公司已经打造并于2020年安放于铜陵的一座全铜铸造的铜官府，它是根据汉元封二年在铜陵设置的铜官府邸而推想创制的——"铜官金府"的建筑面积近5000平方米，为全铜装饰，用铜近500吨，集中运用了古今中外37种制铜工艺，并以铜官文化为主线，其用铜量世界最重，其华美世界未见，其工艺也是世界领先，成为目前全国乃至世界上第一座全覆盖单体最大、运用制铜工艺最多的徽派铜建筑。其用铜量世界最大，其华美世界未见，其工艺也是世界领先。

西湖铜艺小镇位于铜官区西湖镇农林村。小镇围绕铜艺特色产业开发旅游资源、铜文化等，培育铜艺创意总部经济、铜文化研究、铜艺术品设计、铜博览演艺等新业态，打造"铜艺创意设计＋田园诗意生活"产业生态体系。2019年铜官区西湖铜艺小镇已入选第二批省级特色小镇，人们有理由相信，西湖铜艺小镇在不久的将来，会为铜陵成长为世界铜都贡献别具一格的美妙景致。

中国铜街，又称中华铜文化创意第一街，坐落于铜陵省级商贸旅游综合示范区——北斗星城，依托丰富的铜文化，以青铜文化、休闲文化、康养文化为主题，建设了一个集文化创意、旅游观光、度假休闲、学术交流、文化考察、演艺娱乐为一体的高品质、高档次的综合性、唯一性文化街区。街区总建筑面积约32000平方米，长度近730米，街区店铺103家，其中主导业态经营面积达70%以上，汇集海内外铜艺文化知名企业数十家，入驻铜文化企业15家，汇集了朱府铜艺、朱府铜艺大酒店、铜官府、金蜗牛、新九鼎、铜欣祥、翰林艺术雕刻等铜行业知名企业品牌，入驻的企业和机构有武汉重工、南京金箔、江西中鼎、上海浦玉、台湾祥狮、南京舜睿、苏州协铜、永康福瑞、安徽省铜文化研究院、青铜邮局等，同时将打造具有铜历史文化及地域风土人情的特色街景。

中华铜艺文化第一街作为中国古铜都——铜陵一座崭新的地理标志，一座鲜活的铜文化博物馆，一条承载古铜都城市乡愁、亲近自然与艺术魅力的巷陌街区，一道通向中国梦的实在而又绚烂的彩虹桥，已崛起新时代，正光耀大中华。

基于悠久灿烂的铜文化的自信，基于千百年来尤其是新中国成立以来铜陵人民的奋斗与创造，也基于我们对铜陵影像真实的记录和认知，我深信铜陵已是一座风生水起的"世界铜都"！

（根据《铜韵》等铜文化资料编写）

铜陵铜文物解读

刘宝林

铜陵依山傍水，青山环抱，拥江环湖，自然条件优越，物产资源十分丰富，历史文化悠久，文物颇具特色。截至2020年12月，境内已发现地表文物557处，其中：国家级重点文物保护单位4处、省级重点文物保护单位24处、市级文物保护单位58处、县级文物保护单位35处，馆藏文物约4596件。

图1　铜陵天井湖

作为中国青铜文明发祥地，古朴厚重、熔旧铸新的"青铜文化"源远流长、博大精深。青铜文化是根植于铜陵这片热土的璀璨瑰宝。先民们用如火的热情、如山的淳朴、如水的智慧创造出灿烂的青铜文化。铜陵产铜久负盛名，先秦时期就是我国长江流域重要的产铜基地，文献史料屡有记载，其铜矿采冶活动最早可上溯到商代，一直延至当代，三千余年久盛不衰，绵延不断，西汉唯一的"铜官"、六朝著名的"梅根冶"、唐宋时期的"铜官场""利国监"等官方重要的采冶机构均设置于此，世称"中国古铜都"。

在人类历史进程中，铜是最先为人们所认识和使用的金属。灿烂的商周青铜文化前后延续一千多年，独树一帜，世界瞩目。而它的物质基础就是采铜炼铜，没有数量巨大的铜料，又怎么能铸造出数以万计的商周青铜器呢？自20世纪70年代以来，通过广大考古工作者的艰辛努力，在中国南方的长江中下游一带发现了大量的古铜矿遗址，解开了中国古代铜源之谜。湖南麻阳—湖北大冶—江西瑞昌—安徽铜陵，一直延伸到苏南一带，分布着大量的古铜矿遗址。从这些古铜矿遗址的特点来看，江西瑞昌铜岭开采年代最早，为商代；湖北铜绿山保护得比较好；铜陵的古铜矿是规模大，点多面广，境内矿冶遗址密布，主要集中在铜官山、木鱼山、狮子山、凤凰山、金榔等以及一江之隔的枞阳县，县境铜矿资源主要集中于白湖、会宫、周潭、钱铺一带，分布范围较大。随着矿冶考古工作的不断深入，铜陵境内先后发现商周至唐宋等历代铜矿采冶遗址，据不完全统计有60多处，以其范围之广、延续时间之长、采冶规模之大而居全国之首，而且文化遗址十分丰富，从规模到时代跨度都为国内之冠，对于研究中国青铜文化和矿冶技术有着重要的价值和地位。

中国古代何时利用硫化铜矿石冶炼铜，是冶金史研究的一个重要课题，一直备受科技史学工作者和考古学界所关注。由于硫化铜矿冶需要在800摄氏度的温度下长时间焙烧脱硫，使铜的硫化物转化为氧化物，然后投入鼓风炉熔炼，产出含铁量较高的冰铜，再反复精炼才能得到纯铜，而氧化铜矿可以直接在熔点超过1083摄氏度的鼓风炉内炼出纯铜，所以说硫化铜矿冶炼工艺要比氧化铜矿冶炼工艺复杂先进得多。欧洲、西亚的一些国家和地区早在公元前1300年左右已开采硫化铜矿，我国硫化铜矿的采冶历史文献记载仅见于宋代，从考古资料上看，也仅在山西运城的东汉时期的采矿场发现了硫化铜矿。

自20世纪70年代中后期开始，在皖南的铜陵、贵池、繁昌、南陵等地相继发现了一批西周至春秋时期的菱形铜锭，通过分析和研究，确认是硫化铜矿冶炼的遗物——冰铜锭（见图2），这对探索和研究中国硫化铜采冶历史和工艺水平具有重要的意义，引起了海内外有关学术部门的极大兴趣与关注。

图2　冰铜锭（西周）

炼渣是古代炼铜的主要遗物之一，也是反映当时冶炼水平的重要标志。从考古材料看，早期炼铜采用地面竖炉，燃料主要是木炭，炉的容量有限，炼渣多为蘑菇状。汉到唐宋时期，由于燃料更替和鼓风设备的改进，则由地面竖炉改为地炉，炉体增大，在炉前开沟放渣，炼渣一般为条、块状，罗家村大炼渣的形成正是这种地炉多次放渣烧结所致。

罗家村大炼渣，位于铜陵市铜官山北侧的罗家村，炼渣为褐色，近方形，呈巨石状，直径约有1.2米，厚度为0.8米以上，沿水沟边暴露。1987年11月，中国科学院自然科技史研究所副所长、著名矿冶考古专家华觉明教授来铜考察罗家村大炼渣后，连声惊叹："中国之最，世界奇观！"

罗家村大炼渣附近的铜官山，因汉代在此设置铜官而得名，是我国久负盛名的古代铜矿生产基地。史料记载有"齐、梁时为梅根冶，以烹铜铁"，唐宋时期规模更甚，著名诗人李白曾以"铜井炎炉歊九天，赫如铸鼎荆山前"的诗句描绘了铜官山当时宏伟壮观的矿冶场面。近年来，文物部门在铜官山及其周围一带曾发现过许多采掘遗迹和大量废石，炼渣遍地，整个露采新村一带，分布范围约5平方千米，估计在20万吨以上，可见当时的矿冶规模之宏大。罗家村大炼渣虽经上千年风雨剥蚀，仍如巨石般屹立在铜官山脚下，不仅是铜陵古代规模宏大的矿冶活动最好的实物见证，也是中国乃至世界冶金史上的一大奇观。

2004年首届中国魅力城市评选中，罗家村大炼渣作为古铜都铜陵的城市瑰宝通过中央电视台演播大厅展示在观众面前，受到海内外电视观众的喜爱和好评。2005年，铜都大道一期亮化工程建设中，在市建委的重视与支持下，文物部门将要被掩埋的几块大炼渣重新安放在铜都大道罗家村段南侧，并对周遍环境进行绿化整治，使之成为铜都大道又一亮丽的铜文化景观。（见图3）

图3　罗家村大炼渣

先秦时期，铜陵地处吴头楚尾，先后归属于吴、越、楚，又与淮夷文化仅一江之隔，地理位置上处于南北文化的交叉点。因此，青铜文化面貌较为复杂。出土的青铜器既有与中原文化相同的因素，又有吴越铜器所特有的南方风格，还有一些则反映出皖南土著文化的色彩。器物造型、纹饰错综复杂，文化内涵丰富多样，充分反映了当时高度发达的青铜冶铸技术和铜陵在我国先秦青铜文化中所占有的重要地位。

铜陵境内陆续出土了上百件珍贵的商周青铜器，不仅工艺精美、造型生动，而且品种繁多、地方特色浓厚，充分反映了当时高度发达的青铜冶铸技术和铜陵在我国先秦青铜文化中所占有的重要地位。

1983年12月，铜陵县西湖镇童墩村（现为铜官区西湖镇童墩村）农民王方明在挖水渠时，一下挖出了两件商代青铜器，分别是商代酒器爵和斝（jiǎ），这不仅是铜陵，也是整个皖南地区迄今发现的年代最早的两件青铜器。其中爵为直壁平底，菌形单柱、柱顶饰涡纹，三角锥足，腹部饰饕餮纹，上下一周连珠纹，以弦纹为界栏，饕餮纹以鼻梁为基准线，两边为对称的目纹，通高23厘米，流至尾长19厘米。（见图4）斝为筒腹，口外侈，双菌状柱，柱顶饰涡纹，平底，三角锥足，腹部上下各饰一周饕餮纹，上下对称共三组，通高33厘米，口径18.1厘米，腹径13.8厘米。（见图5）

图4　饕餮纹爵（商代早期）　　图5　饕餮纹斝（商代早期）

爵、斝都是商周时期的酒器。其中爵为饮酒器，相当于今天的酒杯，但当时仅限于奴隶主贵族使用，成为权势的象征，所以爵又被引申为"爵位"的意思，成了贵族封号秩序的统称。爵的形状，一般前面有饮酒的"流"，后有尾，中有杯，一侧有鋬，下有三足，流与杯口之间有柱，除起装饰作用外，还在饮酒时抵住鼻梁，防止暴饮过量。斝为盛酒器，兼可温酒，圆口，有鋬有流，这两件器物常常组合在一起使用，西周早期以后，爵逐渐绝迹，斝也随之消失了。

铜陵市出土的两件商代酒器，腹部都饰有饕餮纹，给人以威严和神奇。饕餮，是古人幻想的神话动物，《吕氏春秋·先识》："周鼎著饕餮，有首无身，食人未咽，害及其身，以言报更也。"古人对神祇十分虔诚，常以祭祀为媒介对神祈求，用青铜器来供奉祭祀，以酒为礼，敬于鬼神，这就决定了早期青铜器的纹饰常用饕餮等兽面纹饰来表现一种神秘而狞厉的美。

这两件青铜器从纹饰到器形，与湖北黄陂盘龙城出土的商代前期的爵、斝基本相同，距今约3500年。值得注意的是，两件器物的表面都呈铁锈色，显然是含铁量较高所致，这和铜陵出土的不少青铜器表面都为铁锈色的现象相吻合。铜陵地区矿体中的铜矿石含铁品位较高，再联系到境内众多的古铜矿遗址和铸范来看，这两件爵、斝可能就是铜陵这地方所铸。由此看来，铜陵地区的青铜文化最迟在商代前期就已发生。而这两件酒器从铸造工艺到造型纹饰，同中原地区同一时期的青铜器相比毫不逊色，证明我们铜陵青铜文化的成熟期与中原地区基本相近。因此这两件早商青铜酒器不仅是商人酙国留下的遗憾，更是古铜都三千多年铜文化历史的最有力实物见证！

在我国众多的古代青铜器当中，鼎是青铜器的重要器物种类之一，鼎最初是烹煮肉食的炊器，后来多用于祭祀和宴飨时盛肉置牲，成为一些重大活动中必备的礼器，同时也是权力和地位的象征。众人皆知的禹铸九鼎就是我国远古历史中绵延至今的一个与政权兴替密切相关的著名传说，西周时期的列鼎制度足以证明鼎为传国重器。

铜陵出土的兽面纹大鼎（见图6），通高为51厘米，口径44厘米，敞口平沿，方唇鼓腹，沿上双立耳外侈，三蹄足。腹部雕饰兽面纹一周，共三组，中间用扉棱间隔，足膝部有两道箍形圈饰。造型上因鼎腹较浅，设计者有意加长口沿立耳，将蹄足微收，增加了器物的稳定感和均衡感。

图6 兽面纹大鼎（春秋）

　　全器形体大气凝重，雕饰线条粗犷简练，风格豪犷朴素，实为南方青铜器中难得的一件重器。鼎腹部三组兽面纹饰均以蝶形扉棱为基线，突出了兽面的双目，实际上是将饕餮纹变形肢解，加以夸张，更加显出器物的肃然威严。饕餮是古人想象的一种神话动物，传说是一种贪得无厌的野兽，面目十分可憎。饕餮纹就是以饕餮这种动物为原型，加以艺术的夸张而形成的纹饰，象征着神权和力量。这种带有浓郁神秘色彩的青铜纹饰，代表着人类社会从原始的愚昧状态向文明的过渡。说起这件大鼎的来历，还有一段鲜为人知的趣话。1981年的一天，原铜陵市文联的一位老干部去市废品公司办事，偶然在装车待运的废铜烂铁堆中发现了这件大鼎。出于对祖国历史文化的热爱，他意识到这可能是一件重要的文物，一打听，原来是废品站从钟鸣镇农民手中收购来的出土文物，准备运往上海冶炼厂。他忙打电话给市文化局派人前来鉴定，才使得这件珍贵的青铜器免于熔毁的厄运。更巧的是，1979年在铜陵钟鸣镇这地方，当时还出土了一件与前一鼎形制、纹饰、大小都十分接近的兽面纹大鼎，被当地农民卖到邻县繁昌黄浒废品收购站，后被繁昌县文物管理所得知保护下来。1986年，这一对有着共同遭遇的姊妹大鼎双双选送到北京参加全国拣选文物精品展览，成为文博界轰动一时的佳话。1995年5月，铜陵市人民政府为弘扬民族优秀文化，展示和宣传古铜都悠久的铜文化历史，特拨款仿铸了铜陵市出土的春秋兽面纹大鼎赠送给安徽大学，取其"昌盛鼎立"之意，以祝愿安徽大学早日跨入国家"211"工程，问鼎东方，走向世界！另外，在铜陵市的义安大道中段城市雕塑中的商周青铜壁和桥南的山水之门雕塑中都仿铸了春秋兽面纹大鼎，寓意有着三千多年灿烂辉煌的青铜文化历史的古铜都热忱欢迎四方宾朋前来铜陵做客。铜陵出土的这件兽面纹大鼎全器形体大气，凝重简洁的线条修饰着器物，风格显得豪放朴实。它不愧为南方青铜器中的一件重器，也为我国光辉灿烂的青铜文化宝库增添了一件瑰宝，为研究铜陵春秋时期的青铜文化提供了有力的实物资料。

在铜陵出土的众多青铜器中，有一件造型生动活泼、地方特色鲜明的铜盉十分引人注目，这就是1979年在铜陵县钟鸣镇出土的西周龙柄盉。东汉许慎《说文解字》："盉，调味也。"盉即用于调和酒味浓淡的器物，为酒器。但同时考古资料表明盉又常与盘配合使用。盉一般为圆体，深腹，有盖，前有流，后有鋬，三足或四足。始见于二里头文化（夏代），盛行于商代晚期至周代。

从考古材料来看，在江淮地区的庐江、舒城等群舒故地也曾发现过类似形制的盉。史书记载商王曾多次伐淮夷，迫使淮夷到江南定居。春秋时期，铜陵归属于吴楚，而这一时期的群舒小国先后被吴楚所吞并，从而使铜陵和江淮地区的青铜文化有了密切的联系。龙柄盉的出现，对研究这一时期铜陵的青铜文化有着重要的学术价值。

1971年在原铜陵火车站基建时出土的鸟盖兽耳盉（见图7），通高27.1厘米，口径13.9厘米，球腹，三蹄足，腹部饰有蟠虺纹和弦纹，并有两道对称的扉棱间隔，环形双耳，耳为兽面。盉盖中央伫立一鸟，圆眼尖喙，双翅并拢。这件器物整体造型活泼生动，与传统中原青铜器庄严厚重、规矩严谨的风格迥异，是春秋中晚期南方青铜器清新活泼风格的典型代表作品。

图7　鸟盖兽耳盉（春秋）

盉，盛酒器和盛水器，流行于商代至战国时期，主要用途是盛水以调酒。王国维《说盉》："盉乃和水於酒之器，所以节酒之厚薄者也。"郭沫若《长安县张家坡铜器群铭文汇释》："金文'盉'从禾者，乃像意兼谐声。故如《季良父盉》，字像以手持麦秆以吸酒。"

铜陵出土的这件鸟盖兽耳盉不见威严的兽面形象，而是华丽的蟠虺纹，造型上一反厚重庄严，在盉盖上伫立着一只矫健的小鸟，给人清新之感，充分反映了春秋晚期南方青铜器活泼自由的风格。同时也说明了这一时期等级分明法度森严的奴隶制度已经开始走向衰落。另外，盖上的鸟形提手也与当时南方的图腾崇拜有关，当时铜陵地区先后归属于吴、越，出土的很多器物上都有图腾崇拜的装饰。这件鸟盖兽耳盉，它对展示和研究安徽古代文明和铜陵先秦青铜工艺都有着重要的意义。20世纪70年代，周恩来总理指示发行了一套在"文化大革命"期间出土的文物邮票，一共有12枚。其中一枚就选中了铜陵出土的这件鸟盖兽耳盉，它当时的名字叫作鸭纽盖铜鼎，当时一同入选的还有著名的"马踏飞燕"，即现今中国旅游的标志。

1989年7月，在铜陵市郊谢垅变电所基建工地出土了一批春秋时期的青铜器窖藏。窖藏位于谢垅变电所东北200米处丘陵上，窖口略呈椭圆状，距地表约1.3米，底径为1.5米，窖内共出青铜器5件，其中鼎2、甗1、杯1、匜1。器物放置有序，甗的甑鬲分开，将鬲套入甑口，东侧置匜，匜流口前放盉鎣的上半段和丁字型铜杂件；北部放盉，南和西面为两件鼎，其中蟠螭纹匜铸造工艺精良，造型独特，匜通高21厘米，流至尾长42厘米，腹围87厘米，尾部长12厘米，宽5厘米。平沿折唇，前有流口，后有鋬，整体形状似瓢，呈椭圆形，圜底下三个蹄形足，流口下沿有一个突出的小钩，腹部装饰一周环带状蟠螭纹。春秋时期流行的纹饰是蟠螭纹。螭是一种没有角的龙，张口、卷尾、蟠屈。以四方连续的构成方式组成大面积的装饰，没有凸起主纹，在青铜器表面组成犹如锦缎般繁密的图案。

匜，作为盛水器最早出现在西周中后期，流行于西周晚期和春秋时期，常常出现在祭祀、宴飨、典礼仪式等隆重场合。青铜器匜的形状颇似今人用于舀水的瓢，前有流，后有鋬，鋬就是把手的意思。在商周时期，宴前饭后要行沃盥之礼，《礼记·内则》记载："进盥，少者奉槃，长者奉水，请沃盥，盥卒授巾。"这段记载生动描写了"沃盥之礼"的全过程：奴隶主贵族在举行祭祀和宴飨活动时，为表示庄重，安排专人负责伺候沃盥，行礼时由年长者执匜浇水，年轻的人捧盘接水，请贵宾洗手，洗手之后再授巾擦手，以示恭敬和隆重。这件蟠螭纹匜，器形精美，做工细致，堪称春秋时期青铜器中的佳作。（见图8）

图8　蟠螭纹匜（春秋）

春秋时期，由于诸侯争霸，兵器数量不仅大为增加，其形制和制作技术也有了显著进步，而吴、越兵器更因制作精良而名满天下。古籍文献对此多有记载。1984年马鞍山市东吴朱然墓中出土的漆盘上绘有《季札挂剑图》，描述了吴国季札出使中原，途经徐国做客时，徐国国君羡慕季札的青铜佩剑，但又不便启齿相求，季札虽也明白徐君心愿，可想到自己还要出访列国，就没有赠剑给徐君。谁知待季札出使归来又重经徐国时，徐君早已去世。季札难过地来到徐君墓前悼念，并解下佩剑系挂在徐君墓前松树上，以了徐君生前之愿。在这个传说中可见吴国铜剑的技术精湛和珍贵。这个时期的王公贵族大兴佩剑之风，促使青铜兵器的装饰技术获得了很大的发展，菱形纹饰也就出现在这一时期。其中杰出的代表当推著名的国宝越王勾践剑和吴王夫差矛，器表上都饰有拭之不去、磨之依然的菱形暗格纹。在铜陵市博物馆收藏的40多件东周铜兵器中，也有两件菱形纹铜兵器，分别为剑和矛。其中剑（已残断）通长45厘米，柄长7.5厘米，中间有凸箍两道，柄端圆首。剑身菱纹由灰白线条交叉构成，锋部菱形逐渐缩小。矛通长19.5厘米，矛身中脊突起，菱纹双线交叉构成，线条匀称规整，呈灰白色。（见图9）

图9　菱形暗格纹矛（春秋战国）

多年以来，国内外学术界对古代吴越铜兵器上的菱形纹装饰产生了浓厚的兴趣，但解不开菱形纹饰在铜兵器表面如何形成的谜。因此揭示菱形纹饰的科技内涵成为中国青铜器和中国科技史研究中的一项重要课题。经复旦大学、中国科学院上海原子核研究所、北京科技大学、上海博物馆、上海材料研究所等科研单位利用多种现代科技手段通过反复测试分析，初步揭开了菱形纹饰形成的原因和作用，认为菱纹装饰使用了硫化物，得到黑色或暗灰色硫化铜。上海博物馆的谭德睿先生认为，菱形图案的原色是黄白相间的，由于埋藏于含腐殖酸水溶液的土壤中，通过腐殖酸的氧化铬合作用，菱形纹饰由黄白相间变成黑亮灰黄相间等色泽。由此看来，早在2000多年前，我国就已经掌握了金属膏剂涂层工艺这种特殊而精湛的铜兵器表面合金化技术，既产生了装饰效果，又具备防腐功能，这无疑是中国古代又一项了不起的科技成就！

剑为众兵之首，在近战使用的短兵器中，剑较刀后起。但由于其形制简率，利于卫体和近战，春秋中晚期随着步战的广泛开展，遂迅速普及，成为军器配置中的常规兵刃器，与矛、戟配合使用，并形成佩剑的时尚与习俗。

青铜复合剑的出现，很大程度上是为了满足剑的实战性能。众所周知，如果剑的硬度太低，就很难保证锋利度和杀伤力。如果剑的硬度太高，就会很脆，容易折断。为了克服这个问题，青铜复合剑刚柔相济，将两者结合到了一起。

在铜陵市博物馆展柜里，一把青铜复合剑立于展台之上，此剑长59厘米，宽4.9厘米。（见图10）

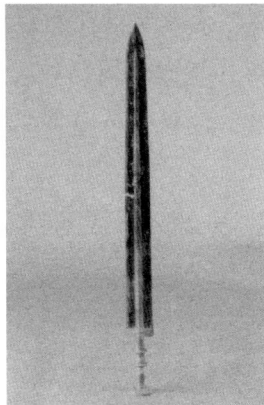

图10　青铜复合剑（战国）

— 259 —

青铜的主要成分是铜和锡，含锡量高的青铜硬度高，含锡量低的青铜硬度低。工匠们将硬度低的青铜铸成剑脊，在两刃的部位嵌合上硬度大的青铜作为剑刃。如此一来，当青铜剑受到冲击时，较软的剑脊可以缓和冲击避免折断，而较硬的刃区可以保证杀伤力。青铜复合剑，是吴越青铜剑中的珍品。复合剑是指剑脊和剑刃用不同配比的青铜合金分别浇铸，剑脊采用含锡量较低的青铜合金，韧性强，不易断折；剑刃采用含锡量较高的青铜合金，硬度高，特别锋利。具体制作是先铸造两侧剑刃，在烘范过程中剑脊均匀化处理，使剑脊合金的韧性提高。由此可见，古代的工匠们就已经意识到锡含量对青铜兵器的影响，通过多次锻造达到刚柔并济的效果，表现在春秋时期人们就已经掌握了非常娴熟的铸造技能。

先秦时期，铜陵就已经是长江流域著名的产铜区。到了吴楚争霸的时候，由于铜陵地处吴头楚尾，有着丰富的铜资源，因此铜陵这里也是吴楚争霸的战争频繁之地。在铜陵出土的大量的青铜兵器，像剑、矛、戈、镞，也都从一个侧面反映出铜陵这里铜料的丰富，青铜器、兵器、铜钱等皆需要大量的铜料来铸造，所以自古以来铜陵乃"兵家必争之地"。

春秋兽耳鸟纹鉴，该器物于1984年4月在铜陵市铜官山区第二加油站（今石城大道）出土，器物大口外撇，束颈有肩，腹两侧对称附一对龙首耳，矮圈足，腹上部饰一周鸟纹，下部饰一周倒三角鸟纹，圈足刻绳纹，通高9.5厘米，口径27.9厘米。（见图11）

图11 兽耳鸟纹鉴（春秋）

《说文》："鉴，大盆也。"其用途广泛，可以盛水，也可以照容，可以盛冰，大的还可以沐浴。在先秦时期作为礼器有盛水、照面之功能，鉴的字源实际上是繁体字"監"，甲骨文的字形就做一人弯腰朝盆皿里看映像的形状，说明商代以前人们大多是用陶盆盛水照容的，后来有了铜做的器皿之后，"監"融进了金属含义，改作了鉴。

春秋兽耳鸟纹鉴，曾在2008年7月，北京奥运会前夕，经北京奥组委审核同意，铜陵市仿铸了一对大型铜雕——春秋鉴，作为安徽省人民政府的礼品安放在北京鸟巢主场馆门前，意在表达江淮儿女对北京奥运会的美好祝福。铜陵仿铸的这件春秋龙耳鸟纹鉴，口径3.4米，寓意中国的34个省区市；器身饰56组青铜龙凤纹饰，寓意中国56个民族；器身两侧对称设置两个龙首耳，寓意身为龙的传人的中华儿女即将腾飞。圈足饰绳索纹，寓意13亿中国人民紧密团结。"印鉴"在中国是承诺与鉴证之意，2008年北京奥运标志采用了中国印的元素，春秋鉴与奥运标志相呼应，寓意在2008奥运圣火燃烧时刻，江淮儿女与56个民族的中华儿女共同鉴证这一载入中华民族史册的辉煌盛况。（见图12）

图12　安放在北京鸟巢主场馆门前的春秋鉴

铜陵市博物馆建筑设计，也是以春秋兽耳鸟纹鉴为原型，应用于建筑造型的铜装饰，更显端庄和古朴厚重。沿着铜陵博物馆广场大台阶拾级而上，左侧映入眼帘的就是大型铜装饰春秋兽耳鸟纹鉴幕墙

（见图13），充分体现了"古朴厚重、熔旧铸新、自强不息、敢为人先"的铜都精神，以此为装饰，更能彰显地方特色。该铜幕墙用铜量达50多吨，器形上下两组龙纹，中间凤鸟纹，显示青铜文化的魅力与博大精深。

图13 大型铜装饰春秋兽耳鸟纹鉴幕墙

铜陵市博物馆馆藏的汉代铜壶，形态各异，风格独特。铜壶，历史悠久，商代即有壶，至春秋战国时期制作极盛，形式多样，有圆形、方形、扁形、匏形等。《潜确居类书》："壶周制也。而方圆有异。凡燕礼，与大夫射，卿大夫则皆用方壶，士皆用圆壶。以其大夫，尊之所有事，示为臣者，有方直之义，故用方。以其士旅食，卑之所有事，示为士者，以顺命为宜，故用圆。"可见壶还可用来表示等级差别。

汉代的壶大体传承传统形式，但圆壶称为钟，方壶称为钫。壶既是盛酒器，也是盛水器，汉代并以壶作为量器。不同造型的壶，可以分别贮装不同内容的物品。

《淮南子》注："十斛为钟。"

《左传》："釜十则钟。"

《后汉书·郎𫖮传》注："四釜为钟。"

壶由于大小不一，所以容量也不同。

古代铜制壶形器皿也作为计时器。唐顾况《乐府》："玉醴随觞至，铜壶逐漏行。"宋王安石《春寒》诗："冰残玉瓷泉初动，水涩铜壶漏更长。"《水浒传》第三一回："五鼓楼头，点点铜壶正滴。"《花月痕》第四一回："别泪铜壶共滴，愁肠兰焰同煎。"

铜陵市博物馆馆藏铜壶，弦纹提梁壶a，盛贮器，有盖，盖顶平，中间一环形提手，盖与口子母相扣，侈口，长颈，鼓腹，圈足外侈。腹饰三道弦纹，提梁，素面，通高51.5厘米，口径16.3厘米，腹径29.2厘米。（见图14）变形蟠螭纹提梁壶b，盛贮器，带盖，盖顶平，残缺，盖口设一对环形耳，盖与口子母相扣，唇口，长颈，溜肩，鼓腹，圈足。肩部对称设一对铺首衔环，带锁链状提梁，下腹部设有分区对称三个铺首衔环。口沿一周卷云纹，肩部及腹足部通饰蟠螭纹。通高34.5厘米，口径6.7厘米，腹径16厘米。（见图15）

图14　弦纹提梁壶a（汉代）　图15　变形蟠螭纹提梁壶b（汉代）

鎾镂，为器盖、器身、提梁等组合在一起的复合器。器盖呈敞口浅杯状，口沿为尖唇弧沿，颈部较高。腹上部近肩处饰对称的二桥鼻钮，钮内穿环与二组铜链、提梁相衔接。提梁为同身双向龙头，龙头的齿缘间成环状，分别为两组钮环相联结。圆形腹底，近腹底处饰三蹄形矮足，通高17.5厘米。（见图16）

图16 錭镂（汉代）

汉代青铜器，在纹饰上最初是素器，单纯朴素，并没有太多的装饰，到了后期，青铜器才有一定的纹理装饰。汉代铜壶已有定式，鼓腹，小颈而口向外移，圈足，腹的两侧多有铺首衔环，造型优美。不过流传汉代的大部分青铜器物都是素器，一部分是无纹饰的素面，但装饰有几道弦纹或者在器盖上做了几件雕饰，虽然纹饰简单，但已经能让世人感觉到汉代古人已经更加注重器物造型的变化。即使只是在器物适当的部位上添加一道或几道，却为之后的青铜器设计开启了思路，美学大师宗白华先生将汉代的青铜器称之为"芙蓉出水"。

一位考古学家曾经说过："一件文物，即是一部历史。"铜壶能再现历史，铜壶上那精美的纹饰就是先人们留下的历史印记，这印记在我们的眼前渐渐地洇漫成一幅凝固的怡人的画卷……铜陵馆藏的这些珍贵的汉代铜壶，为我们研究两汉时期的青铜器提供了重要的实物资料，具有较高的收藏价值。

我国最早的铜镜发现于新石器时代晚期，此后铜镜被人们使用了近4000年。用铜做成的镜子，一般制成圆形或方形，背面铸纹饰、铭文，并配钮用来穿系；正面则以铅锡磨砺光亮，可清晰照面。熠熠古铜镜仿佛历史留下的一串串美丽的足印，见证着古人对美丽的追求，它留给人们"破镜重圆"的缠绵，折射出古代的社会风尚和审美情趣。

铜陵市博物馆馆藏的神兽镜，为东汉时期的铜器，直径10.4厘米，厚0.6厘米，圆形，圆钮，圆钮座，主纹饰高浮雕一虎，曲着身子，张着大嘴，右侧有一个蹲坐的古代传说中的飞仙，内周饰短斜线纹，外周饰云气纹，镜面略有弧度，黑亮洁净，是东汉时期神兽镜的典型代表。（见图17）《三辅黄图·汉宫》中说："苍龙、白虎、朱雀、玄武，天之四灵，以正四方，王者制宫阙殿阁取法焉。"中国古代有"青龙白虎掌四方，朱雀玄武顺阴阳"之说，这四大法力高强的神兽，就是镇守四方的祥瑞之兽。而白虎是杀伐之神，具有避邪、禳灾、祈丰及惩恶扬善的神力。这件东汉神兽镜，主饰为白虎，呈规天矩地之象，显迎祥纳瑞之气。

图17　神兽镜（东汉）

汉代是我国铜镜发展的重要时期，两汉铜镜制作精良，形态美观，图纹华丽，铭文丰富，是我国古代文化遗产中的瑰宝。玄锡古鉴，净月澄华。古人制作铜镜除铸造外，还要磨光开镜，就是将镜面镀锡，加以研磨，形成光亮。"粉以玄锡，摩以白旃"，汉代铸镜工艺非常精湛，锡量的增加使得汉镜散发着高亮的白光。铜陵馆藏的东汉神兽镜，制作技艺纯熟浑厚，镜体黑亮洁净，恍若汉代天宇中升起的一轮素月。

铜陵市博物馆还藏有汉代日光对称单层草叶纹镜，该镜直径10.9厘米，圆形，圆钮，四叶纹钮座，刻有篆体铭文："见日之光，天下大明。"前一句是赞美镜质之佳，能够迎日透光，后一句则是寄托人们对生活的美好愿望。镜内纽座外有方格，方格四个内角刻有方形图案，方格四边中心点外突起四个圆圆的乳钉，乳钉纹上连接桃形花苞，两侧对称排列一株单层草叶纹，方格四角伸出一株双瓣花枝纹，枝尖向外放

射。此镜以圆镜喻天，钮座寓地，展示出方圆中国的气派。（见图18）

图18　日光对称单层草叶纹镜（汉代）

　　龙是中华民族的象征，它的形象被广泛应用于古建筑、陶瓷器、铜器等方面。铜陵市博物馆藏有一面唐代云龙纹铜镜，它虽然埋藏地下千余年，历经时代、地貌的变迁和侵蚀，依然纹饰精美，清晰可照，完整无损，1994年经国家文物局专家鉴定组鉴定为国家一级品。

　　云龙纹铜镜于1982年12月出土于铜陵县湖城村，直径21.4厘米，镜呈八弧葵花形，半球形钮，镜背图案饰浮雕一龙，呈腾空而起之态，盘绕云纹之中，龙首较小，张口吐舌，龙首向钮，作吞钮珠状，四腿下有三趾利爪，周身饰鳞片，尾巴盘卷，外缘饰以祥云。（见图19）古人制作铜镜的工艺可分为铸造、热处理、刮磨和开光四个步骤，其中"开光"，古人称为"开镜"或"磨光"，就是将镜面镀锡，加以研磨，形成光亮。此枚云龙纹铜镜通体黑亮洁净，形成表面包浆很好的"黑漆古"。所谓"黑漆古"，就是铜镜表面镀锡后表层自然腐蚀的结果，铜镜埋藏地下过久，由于与水土等物质发生物理化学变化，常会产生一种类似再生矿物的新化合物，如铜质酸化，可以变成黑灰色的黑铜，而全部黑漆古的形成则与含少量的砷、锑等有关。这面唐镜可谓是盛唐时期铜镜的杰出代表，成为唐代铜镜鉴定的标准器。铜镜是古代人们用以照面饰容的日常用具。在玻璃尚未普及之前，它在古代人们的日常生活中占有重要地位。唐镜的最大特点就是艺术样式及技艺手法的多样化，不仅形制、纹饰变化多端，制作技艺也高妙诱人，而且画面色彩鲜艳，观赏价值极高。行家认为：唐镜的作风一改汉式拘谨板滞之态而作流畅华丽之姿，其取材亦一变矫揉造作之神话模式而偏重于自由写实或故事，铸造手法亦由烦乱纷杂而转为清新优雅，使铜镜铸造业在此时达到鼎盛。

图19　云龙纹铜镜（唐代）

我国是一个历史悠久的文明古国，有着独具特色的青铜文化，铜陵地区作为青铜文化发祥地之一，更显地方特色文化的魅力。当今时代，文化越来越成为民族凝聚力和创造力的重要源泉，成为一个国家综合实力的重要组成部分。如何继承和弘扬优秀传统文化，是我们面临的一个重大课题。我们既要进一步弘扬青铜文化，还要加强对传统文化的挖掘、整理和研究，吸收借鉴传统文化的精髓，充分发挥传统文化对建设和谐社会的积极作用，真正做到古为今用，努力构建符合时代特征的先进文化，这对增强民族团结、维护社会稳定、构建和谐社会、促进世界和平都具有重要的意义。

参考资料：

杨立新、叶波、卢本珊：《安徽铜陵金牛洞铜矿古采矿遗址清理简报》，《考古》1989年第10期。

铜陵市文物管理所：《铜陵文物工作二十年》，1998年10月。

铜陵市文物局：《铜陵博物馆文物集粹》，黄山书社2012年版。

安徽省文物考古研究所、铜陵市文物管理局:《皖江汉魏铜镜选粹》,黄山书社 2010 年版。

安徽省文物考古研究所:《安徽枞阳县汤家墩遗址发掘简报》,《中原文物》2004 年第 4 期。

刘宝林:《铜陵市博物馆藏铜镜》,载《青铜文化研究》第五辑,黄山书社 2007 年版。

《枞阳县文物志》编委会:《枞阳县文物志》,中国文史出版社 2008 年版。

刘宝林:《从汉代铜镜铭文看汉代人们社会追求》,载《青铜文化研究》第七辑,黄山书社 2011 年版。

后　记

为弘扬优秀的铜官文化，丰富铜官文化的内涵，铜陵市铜官区政协特编写、出版《铜官文化精粹·铜韵铜官卷》一书。

编写、出版《铜官文化精粹·铜韵铜官卷》一书，是一项重大的系统工程。虽然策划此书花费一年之久，但真正动手撰写并完成书稿仅仅用了不到5个月时间。编写者穿行于街巷，沉毅于书卷，顶着骄阳酷暑，汗流浃背劳作，其艰辛的程度可想而知。

《铜官文化精粹·铜韵铜官卷》一书浸润着铜官文化特色，更是贯穿着三千年铜文化这条主线。本书分为两个部分，第一部分系历代诗人吟咏铜陵的诗词，我们按照朝代顺序，撷取具有代表性的历代先贤的诗词。这中间的代表人物有李白、苏东坡、黄庭坚、王安石、杨万里、盛度、佘翘、陈焘等；第二部分为铜陵当地现代铜文化名家撰写的有关铜文化的文章。张文林、朱益华、唐福昆、吴笛、刘宝林等名家以对历史负责的态度，运用自己平时积累的大量资料，认真撰写了有关铜韵铜官的文章。两个部分互相映衬，互相补充，相得益彰。力图形成较为完善的、内涵较为丰富的铜官文化体系；力求透过这些诗文，达到从这里可以触摸到铜官悠久历史脉络的目的。当然，也有少数古代诗词作者系铜官周边地区人氏，也有少数诗人所作的诗词不仅仅是写铜官地区的人文景色而且还涉及了铜陵其他地区，望读者自行辨识。

《铜官文化精粹·铜韵铜官卷》一书的顺利出版，得到了中共铜官区委、区人民政府的高度重视和全力支持；得到了周宗雄、赵学军、谢业勤、孙长江、郭飞、杨龙培等的无私帮助。在这里谨向他们表示衷心的感谢！

安徽师范大学出版社的领导及"精兵强将"为此书的出版付出了大量的劳动和心血，我们谨向他们表示崇高的敬意！

《铜官文化精粹·铜韵铜官卷》的出版，尽管我们付出了艰辛不懈的努力，但由于时间有限、水平有限，疏漏之处在所难免，敬请广大读者谅解和指正。

《铜官文化精粹·铜韵铜官卷》编委会

二〇二一年十月